◎湖南省自然科学基金青年基金项目（2020JJ5108）
◎湖南工商大学青年创新驱动项目（19QD07）
◎湖南省教育厅一般项目（18C0623）
◎湖南工商大学2020年度大学生创新创业训练计划项目（S202010554042）

媒体信息传播视域下的公众预期形成及其宏微观经济效应研究

A Study on Public Expectations Formation and Its Macro and Micro Economy Effects from a Media Information Transmission Perspective

◎田　敏　著

中国矿业大学出版社
China University of Mining and Technology Press
·徐州·

图书在版编目（CIP）数据

媒体信息传播视域下的公众预期形成及其宏微观经济效应研究 / 田敏著 . —徐州：中国矿业大学出版社，2021.12

ISBN 978-7-5646-5255-5

Ⅰ . ①媒… Ⅱ . ①田… Ⅲ . ①房地产市场－经济预测－研究－中国 Ⅳ . ① F299.233.5

中国版本图书馆 CIP 数据核字 (2021) 第 253073 号

书　　名　媒体信息传播视域下的公众预期形成及其宏微观经济效应研究
Meiti Xinxi Chuanbo Shiyu Xia de Gongzhong Yuqi Xingcheng jiqi Hongweiguan Jingji Xiaoying Yanjiu

著　　者　田　敏

责任编辑　徐　玮

出版发行　中国矿业大学出版社有限责任公司
（江苏省徐州市解放南路 邮编 221008）

营销热线　（0516）83884103　83885105

出版服务　（0516）83995789　83884920

网　　址　http://www.cumtp.com　**E-mail:** cumtpvip@cumtp.com

印　　刷　湖南省众鑫印务有限公司

开　　本　710 mm×1000 mm　1/16　印张 12　字数 183 千字

版次印次　2021 年 12 月第 1 版　2021 年 12 月第 1 次印刷

定　　价　78.00 元

田　敏　1988年出生，湖南常德人。毕业于华中科技大学经济学院，获西方经济学博士学位，现为湖南工商大学财政金融学院讲师。主要从事宏观货币政策、公众预期管理、家庭行为金融、房地产金融等领域的教学与研究工作。近年来，在《经济研究》《现代经济探讨》《消费经济》等国内核心期刊公开发表学术论文数篇，主持或参与国家级、省部级课题多项。具有较为丰富的教学与实践经验，主讲“金融学”“房地产金融”“金融市场学”“国际结算”等金融类核心课程。

前　言

预期具有有偏性和异质性两大特征，而媒体信息与公众预期的形成存在密切联系。本书充分结合我国现实背景，利用独特的微观调查数据，研究媒体信息传播对我国居民房价预期形成机制的影响，分别从宏微观两个层面关注和研究房价预期对资产价格波动及政策有效性产生的影响。主要内容和结论如下：

（1）全球金融危机过去十多年，如何解释房地产市场的繁荣及衰退依然没有形成一致结论。从居民预期行为角度解析房地产市场的过度波动成为近年来一个新的研究视角，亦是构建房地产市场健康发展长效机制的重要前提。首先，本书从理论进展层面介绍了异质性预期的相互转换机制对房价波动提供的解释能力；其次，从经验层面解释了个体预期及城市间的相互传染对金融危机的解释能力；最后，我们独特地获取了国家统计局中国经济景气监测中心（以下简称“中国经济景气监测中心”）的非公开微观调查数据，并利用统计分析初步检验中美两国消费者预期行为的基本特征及与房地产市场波动的相关关系，窥见其中异同点。在此基础上，本书对未来的研究方向做出展望和说明。

（2）利用报刊新闻数据研究中国消费者房价预期的有偏性特征。报刊新闻作为信息传导的主要媒介对消费者预期的偏差具有一定的解释能力，这种解释能力体现在媒体情绪（报道性质）而不是媒体信息量（报道量）上。具体而言，媒体信息量对消费者预期偏差影响不显著，说明报刊新闻的报道可能存在一定偏误，并不能客观地反映并传递房价相关信息；积极正面的情绪对消费者的预期偏差存在显著的正向影响，说明积极正面的情绪通常会加大消费者预期偏差；消极负面的情绪对预期偏差的影响并不显著。此外，消费者的房价预期偏差存在较强的黏性，说明消费者存在“习惯性犯错”的特点。最后，不同人口结构和不同报刊分类的稳健性检验进一步验证了本书的结论。

(3) 利用报刊新闻数据研究中国消费者房价预期的异质性特征。通过描述性统计研究，本书发现国内消费者的房价预期存在着显著的异质性，这种异质性也体现在具有不同人口结构特征的群体之间。无论是媒体信息量还是媒体情绪都能对消费者预期异质性提供一定的解释：首先，媒体信息量对消费者房价异质性预期存在负向影响，即新闻报道量越频繁，消费者预期异质性越低；其次，正面情绪的传播对消费者预期异质性有着显著的负向影响，但负面情绪的影响并不显著，说明国内消费者往往对积极正面的情绪比较敏感，面对房价上涨的信息时更容易形成一致的预期；最后，不同人口结构特征的群体对新闻信息的吸收存在一定的差异，从而形成了不同群体之间的预期异质性。

(4) 利用百度指数对消费者预期的形成机制进行补充研究。随着互联网的快速发展，信息的获取不仅局限于报刊新闻的传播（信息供给），消费者的主动搜索行为亦是信息的重要来源（信息需求）。本书在对报刊信息进行控制的同时考察百度指数搜索的相关信息对消费者预期偏差及异质性的影响。研究发现：与报刊新闻一致，百度指数也能够为消费者房价预期的有偏性和异质性提供一定的解释能力；消费者在形成自身预期时通常对积极正面的情绪更加敏感；不同的是，对预期有偏性进行解读时，百度指数搜索量对消费者的预期偏差有显著的负向影响。这说明相对于报刊新闻而言，消费者的主动搜索行为通常能够获得更为客观的信息，从而形成相对正确的预期，减少预期误差。

(5) 建立结构向量自回归（structural vector autoregression，SVAR）模型，考察消费者的房价预期、房地产市场波动及媒体信息之间的互动机制。研究发现：首先，国内消费者的房价预期受到媒体情绪（积极正面的媒体情绪）的正面冲击作用，再次验证了媒体信息能够影响消费者的房价预期；利率和货币供应量对消费者的房价预期存在一定的冲击，但作用力度相对较小。其次，短期内实际房价受到消费者预期的冲击作用并不明显，说明消费者的房价预期与实际的房价在短期内正反馈机制不明显，但消费者的房价预期却对房地产市场的交易量有显著的正向冲击作用。最后，媒体情绪会受到消费者预期的影响，说明媒体情绪的表达通常也会有迎合消费者预期的心理，而不是完全以经济事实为基础进行客观报道。

(6) 构建时变参数随机波动向量自回归（time varying parameter-stochastic volatility-vector autoregression，TVP-SV-VAR）模型，识别银行家对政策的预期如何影响货币政策传导的有效性。为弥补货币政策传导机制中忽视微观主体信念感知的不足，本书利用中国农业银行海南省分行的个人住房贷款数据（2009年8月至2018年6月），采用具有时变特征的TVP-SV-VAR模型从不同时期和不同时点出发，实证检验我国货币政策对地区性住房贷款利率传导的差异，并进一步结合银行家政策感知数据揭示货币政策传导机制中信息效应这一关键路径。研究发现，地区住房贷款利率对中央银行的货币政策有显著的反应。具体结论如下：第一，就数量型政策工具而言，货币供应量对地区住房贷款利率存在负向冲击，利率市场化改革所带来的货币政策框架转换似乎难以彻底转变货币供应量影响房贷利率的事实；第二，就价格型政策而言，基准利率在居民贷款利率方面具有较强的指导作用，市场利率对地区住房贷款利率传导存在阻滞，但随着利率市场化进程加快，其传导效率有所提升；第三，银行家信心能显著影响地区性住房贷款利率，但政策感知与实际货币政策的实施关联性并不强，这可能是利率政策传导不畅的重要原因之一。本书的结论将为新时期深化利率市场化改革补充新的视角，亦为引导住房平稳健康发展提供科学性和前瞻性的建议。

(7) 利用西南财经政法大学2011—2013年的家庭金融问卷调查数据，分析了预期信念与微观主体决策行为之间的关联，研究显示：首先，居民对未来宏观经济形势和房价预期与家庭的实际金融决策行为存在一定的正相关联，即乐观预期者更容易产生借贷行为。而初步结果亦显示，预期与消费决策的关联则存在部分的负向相关性，但这种影响较为微弱。其次，不同预期对公众决策的影响存在显著差异，宏观经济预期能够在一定程度上影响当期决策，但是房价预期的跨期决策行为更加明显。最后，信贷约束似乎不能完全解释预期信念与家庭决策之间存在关联性的缺失，如何寻找更合理的解释是后续工作中的研究重点。本书把公众预期对家庭债务杠杆选择行为的影响纳入宏观经济政策与家庭金融行为关系的研究框架中，为提升货币政策传导的有效性提供了政策参考，亦是促进“十四五”时期经济发展量质并举的题中应有之义。

目　录

第1章　导论 …… 1

1.1　研究主题及意义 …… 1

1.1.1　研究主题 …… 1

1.1.2　研究意义 …… 3

1.2　研究思路与方法 …… 5

1.2.1　研究思路 …… 5

1.2.2　研究方法 …… 6

1.3　研究内容 …… 7

1.4　创新点 …… 9

第2章　文献综述 …… 12

2.1　公众预期形成机制的相关研究 …… 12

2.1.1　预期形成机制的经验证据 …… 12

2.1.2　居民预期形成机制的相关理论根源 …… 14

2.2　媒体信息传播与公众预期形成研究 …… 16

2.3　公众预期与宏观资产价格波动研究 …… 19

2.3.1　影响房地产市场波动的一般因素 …… 20

2.3.2　从预期视角对房地产市场波动进行分析 …… 22

2.4　公众预期与微观主体决策关联研究 …… 27

2.4.1 家庭债务决策相关文献 …… 27
2.4.2 家庭消费行为的相关文献 …… 30
2.4.3 居民预期信念下的家庭金融行为研究 …… 31

第3章 中美两国消费者房价预期的差异与特征事实 …… 33
3.1 研究起源 …… 33
3.2 美国房地产实际价格变动与消费者预期的基本特征 …… 35
3.3 中美两国消费者房价预期的特征事实比较 …… 37
3.3.1 中美房价预期有偏性程度 …… 37
3.3.2 中美房价预期的异质性程度差异 …… 39
3.4 小结 …… 42

第4章 媒体信息与有偏性房价预期形成 …… 43
4.1 问题的提出 …… 43
4.2 贝叶斯学习模型及假设 …… 45
4.3 房价预期的量化与媒体信息的获取 …… 48
4.3.1 房价预期数据的量化 …… 48
4.3.2 媒体信息的衡量 …… 51
4.4 模型设定 …… 55
4.5 媒体信息与有偏性房价预期的回归分析 …… 57
4.5.1 新闻报道量及媒体情绪与预期有偏性 …… 57
4.5.2 基于不同人口结构特征的预期有偏性研究 …… 59
4.6 不同报刊分类的稳健性检验 …… 61
4.7 小结 …… 62

第5章 媒体信息与异质性房价预期形成 …… 64
5.1 问题的提出 …… 64

5.2 预期异质性的重要性及源泉 …… 66
5.3 理论模型介绍及假定提出 …… 69
5.3.1 理论模型的介绍 …… 69
5.3.2 三个假设的提出 …… 70
5.4 模型设定及数据处理 …… 72
5.4.1 模型的设定 …… 72
5.4.2 预期异质性的衡量及相关数据处理 …… 73
5.5 新闻媒体信息与消费者预期异质性的回归分析 …… 77
5.5.1 新闻报道量与预期异质性 …… 77
5.5.2 新闻情绪与预期异质性影响的不对称性 …… 79
5.5.3 人口结构特征与消费者预期异质性的再解释 …… 81
5.6 稳健性检验 …… 83
5.6.1 消费者预期异质性的再衡量 …… 83
5.6.2 不同新闻报刊影响的差异 …… 84
5.6.3 螺旋真的沉默了吗？一个解释 …… 86
5.7 小结 …… 88

第6章 百度搜索指数与房价预期形成 …… 89
6.1 问题的提出 …… 89
6.2 模型设定与数据处理 …… 90
6.3 信息供给与信息需求的相关性分析 …… 92
6.4 基于信息需求层面的预期形成机制分析 …… 93
6.4.1 基于信息需求的有偏性再检验 …… 93
6.4.2 基于信息需求的异质性再检验 …… 96
6.5 小结 …… 96

第7章 媒体信息、房价预期与房地产市场的动态关联性研究 …… 98
7.1 问题的提出 …… 98
7.2 SVAR 模型的设定及识别 …… 100
7.2.1 SVAR 模型的设定 …… 100
7.2.2 SVAR 模型的识别 …… 101
7.2.3 系统稳定性检验 …… 102
7.3 数据处理与介绍 …… 103
7.4 媒体信息、公众预期影响房地产市场波动的回归分析 …… 105
7.4.1 脉冲响应分析 …… 105
7.4.2 方差分解结果 …… 108
7.5 小结 …… 109

第8章 公众预期与宏观货币政策有效性分析 …… 111
8.1 问题的提出 …… 111
8.2 文献回顾及贡献 …… 113
8.3 理论分析与实证模型构建 …… 117
8.3.1 理论分析 …… 117
8.3.2 实证模型 …… 118
8.4 变量界定与特征事实分析 …… 120
8.4.1 数据来源及变量界定 …… 120
8.4.2 单位根检验 …… 121
8.5 货币政策对住房贷款利率传导分析——基于时变参数向量自回归模型 …… 122
8.5.1 时变参数向量自回归模型参数估计 …… 122
8.5.2 不同提前期限的脉冲响应分析 …… 124
8.5.3 不同时点的脉冲响应分析 …… 129

8.6 小结 …… 132
8.6.1 基本结论 …… 132
8.6.2 现实启示 …… 133

第9章 公众预期与微观家庭金融行为决策 …… 134
9.1 问题的提出 …… 134
9.2 数据来源、变量界定和特征事实分析 …… 136
9.2.1 样本数据 …… 136
9.2.2 变量的界定 …… 137
9.2.3 特征事实分析 …… 139
9.3 模型的设定和内生性问题讨论 …… 141
9.3.1 模型的设定 …… 141
9.3.2 内生性问题的讨论和说明 …… 143
9.4 公众预期驱动下的家庭金融行为决策：实证分析 …… 144
9.4.1 横向比较：乐观预期者会持有更多家庭债务吗？ …… 144
9.4.2 纵向比较：乐观预期者会选择进一步“加杠杆”吗？ …… 144
9.4.3 横向比较：乐观预期者会产生更多消费吗？ …… 146
9.4.4 纵向比较：乐观预期者会选择进一步增加消费吗？ …… 148
9.5 预期影响家庭决策行为的进一步分析 …… 149
9.6 小结 …… 151

第10章 总结 …… 152

参考文献 …… 155

后记 …… 175

第1章　导　　论

1.1　研究主题及意义

1.1.1　研究主题

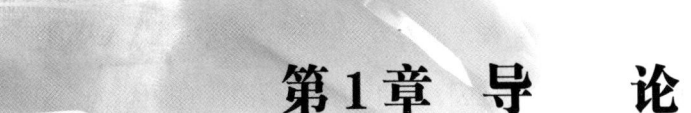

在经济学中，预期被定义为：经济主体根据所掌握的信息，对与其决策有关的经济变量未来值的估计。居民决定消费和储蓄的多少、企业关于价格的设定和是否雇佣或者解雇工人都是由于人们对未来做出预期而得出的最基本的决策。预期是植根于客观经济运行的一种主观心理活动，但这种心理活动对于实际经济运行会产生重要影响。自“理性预期”革命之后，预期成为宏观经济学中的重要变量。虽然经历了过去几十年对预期的理论和经验研究，即便越来越多的学者论证了预期在宏观经济波动中的重要性，亦对其形成机制进行了许多实证研究，但无论是决策层还是经济学家对预期的具体形成机制却并不清晰（Coibion et al.，2015）。预期及其形成机制是个重要但又是悬而未决的难题(钟春平 等，2015)。

房地产市场因兼具投资和消费双重属性而备受关注。2018—2019年中央经济工作会议明确指出，构建房地产市场健康发展长效机制，全面认知和解读房地产市场的波动是重要前提。但到目前为止，学术界并没有对房价波动的原因形成一致的结论。部分学者将房价的长期波动归因于建筑成本和经济基本面的变化，如人口增长（“婴儿潮”）、收入增加、就业和利率等因素。较为普遍的解释是，房地产市场的繁荣是由于全球性的储蓄过剩使得大量资金闲余，从而增加了信贷的供给以及较低的真实利率，并大大提高住房需求与价格。但这些原因并不能够为房地产市场的异常繁荣提供完整的解释，Glaeser 等(2012)研究表明，低利率对房价的解释力度仅为20% 左右。借贷标准的放松及成本的降低并不能成为房价上涨的主要原因，反而是由于房价的不断上升而使得借贷标准放松，高房价与宽松的信贷条件之间存在一定的正反馈机制。席勒认为金融自由化不是房价泡沫形成的主要成因，也不可能是根源性的原因，正是因为泡沫存在导致社会充斥着负面情绪，从而导致监管的缺位。即便利用不同的数据、不同的计量模型或以不同的假设条件为前提，传统文献都无法对房价的过度繁荣提供完整的解释。

心理及预期的因素在资产价格波动中有着重要的影响。房屋对一般家庭而言是一项重要的家庭财产，其价格的改变将在很大程度上影响家庭的财富和消费，由此可能引致宏观经济波动。房价的波动往往是金融市场不稳定和经济波动的先行指标，最终将影响整体的宏观经济周期波动。长期内，市场基本面及房地产相关政策都能为房地产市场的波动提供一定的解释能力。但短期内，心理及预期的因素在资产价格波动中有着重要的影响。将两者结合起来研究难度不小，却是一个有重要研究意义的课题。因而本书尝试着将预期研究引入到房价波动问题上，一方面，可通过更多的房地产预期的数据，分析居民对房地产价格的预期；另一方面，将这种翔实而独特的预期特性，用于探测对资产价格的影响及可能的解释能力。当然，前者在有相应的数据基础上容易取得进展，而后者难度较大。因而，本书尝试着详细分析前者，而对后一部分尽可能地进行论证，力图对未来的研究方向做一定的探索和说明。

信息成为研究房地产市场价格预期形成机制的重要切入点。新古典宏观经济学通常假定预期是完全信息理性预期，但这一假定逐渐被众多经验事实所拒绝（Mankiw et al.，2003；Zhong et al.，2011；Coibion et al.，2015）。近年来，更多学者力图从信息角度进行突破，以考察预期形成机制。通常信息的获取、处理都需要相应的成本，所以难以根据所获得的信息形成完全理性而且相同的预期。黏性信息及信息刚性理论从信息层面为预期形成机制提供有力的理论支撑，但经验层面的研究却相对较少 。媒体信息的传播与消费者房价预期的形成存在密切联系。媒体通常是信息传播的重要媒介，大部分消费者获取信息的渠道都是媒体报道。本书假定主要的媒体传播渠道包括纸质媒体和互联网媒体，具体讨论报刊新闻和百度搜索指数对消费者房价预期形成产生的影响。媒体信息对公众预期形成的影响不仅集中在对信息量的研究上，更应当关注不同的媒体情绪对消费者预期形成产生的影响。

预期如何影响货币政策的传导成为决策层和学术界重点关注的领域。现有研究多从制度本身出发探讨货币政策有效性问题，如利率双轨、利率市场化进程、存贷比限制、贷款的数量限制等因素(纪洋 等，2015；郭豫媚 等，2018；孙国峰 等，2019)。事实上，良好的政策感知才是货币政策传导顺畅的重要前提。研究者认为提高公众对货币政策的感知有利于减少在经济金融环境中的不确定性，进一步帮助家庭或企业做出正确的决定(Ricks，2016)。决策层亦充分认识到行为主体在金融市场中的作用，2018年7月国务院金融稳定发展委员会提出“充分调动金融领域中人的积极性”。可见对市场参与主体的关注是未来研究金融市场和政策调控的重要领域。然而，现有文献多聚焦企业或消费者信心的研究，往往忽视银行家作为金融市场中的重要参与者。事实上，作为信贷市场中的供给方，银行家在货币政策传导中具有重要作用。

长久以来，宏观经济研究中通常默认行为主体的预期与信念一定能够影响其行为决策，从而构建了现代宏观经济模型。事实上，信念到决策行为的实施面临着多重约束条件，极有可能导致言行不一致。比如因为受到一定的信贷约束，从而无法进行有效的借贷。或是因为宏观经济预期与实际行为关联需要一定的认知能力转化，从而导致行为差异。

1.1.2 研究意义

对预期形成机制进行深入探讨，并进一步分析可能带来的经济后果，不仅在学术层面，在政策层面亦有重要的意义。

在理论研究方面，本书借鉴了最新的预期形成理论——黏性信息和刚性信息理论，对预期形成机制进行探讨。预期的基本特征在近年来得到广泛的研究（Mankiw et al.，2002；Coibion et al.，2015）。信息的不完全性成为研究预期形成机制的重要突破口。本书基于预期的有偏性和异质性两大特征，结合媒体信息的传播，对信息黏性和刚性信息理论进行探索：首先，公众在形成自身预期时需要对信息进行搜集，但信息是有成本的，只有部分新信息能够被吸收，从而无法形成完全理性的预期，即公众预期有偏；其次，在面临相同的信息时，公众在吸收和处理信息的能力上也存在差异，所以公众在形成预期时也存在着差异，即公众预期是异质性的。本书进一步地构建公众预期影响宏观资产价格波动与货币政策有效性的理论分析框架，为研究预期影响宏观经济波动和微观金融行为提供了理论支撑，弥补了现有文献对预期形成机制及其经济后果分析的不足。

在经验分析方面，公众预期形成机制因数据相对匮乏而使得经验研究尚属起步阶段。国内学者主要针对通胀预期的形成机制进行了研究，发现其具有显著的有偏性和异质性等基本特质。但对公众预期为何呈现出有偏性和异质性则缺乏深入研究。近年来，部分学者对国内房地产市场的周期性变化进行总结，提出了“三年一个小周期”论断。2011—2014年正好经历了一个短暂的房地产市场周期，本书将对这一期间国内消费者房价预期的基本特征及对房地产市场的波动进行经验论证，通过对这一短周期进行研究为研究国内房地产市场的消费者行为提供证据支撑。本书对媒体信息如何影响消费者房价预期的形成进行了细致刻画，将国内的媒体信息与消费者房价预期结合起来进行相关研究，丰富了新闻学与经济学交叉研究的相关文献，为信息的衡量提供不同的维度。传统金融文献中多以报刊新闻作为信息传导的主要媒介，并以此研究资产价格的波动。这样极容易忽视来自信息需求层面的信息对消费者预期产生的影响。本书充分结合宏微观数据，分析居民预期对宏观经济政策传导和微观主体决策行为所产生的影响。在宏观分析层面，对于公众预期如何影响资产价格的波动进行了比较详细的刻画，进一步分析了公众情绪对货币政策的感知如何影响货币政策的有效性。在微观层面，公众根据预期指导了其消费和借贷行为。

在政策建议方面，本书充分强调从预期的视角对房地产市场价格的波动进行解析，并不完全否定传统住房市场基本面的分析，而是应当对公众的预期给予充分的重视和认可。本书不仅为提高我国房地产调控政策的有效性提供新的思路，亦为规范媒体报道、加强信息沟通、合理引导公众预期提供有利指引，更对构建我国预期管理体系提供前瞻性建议。预期管理具有逆周期的特点，准确理解和引导公众预期是继续落实"因城施策"住房金融宏观审慎管理政策，完善宏观审慎的政策框架体系的关键。

1.2 研究思路与方法

1.2.1 研究思路

本书的基本思路是以信息为切入点研究房价预期的形成及房地产市场的波动，基本目标是对国内消费者房价预期的形成机制进行研究，并进一步对预期如何影响房地产市场波动进行检验。围绕这一目标，本书首次利用来自中国经济景气监测中心的微观调查数据对消费者房地产市场预期进行定量的衡量，并利用报刊新闻及互联网百度指数等信息传播媒介来刻画信息，重点考察消费者预期的有偏性和异质性，并进一步明确预期与房地产市场动态的影响机制。

信息和预期通常存在难以刻画的问题，如何有效地获取相应的数据是首先需要解决的问题。本书利用改进的卡尔森 - 帕金（Carlson-Parkin，CP）概率法将定性的数据转换成定量的数据以衡量预期偏差和预期异质性，选取 12 种权威报刊收集房地产市场的相关新闻，并机器识别相关新闻所表达的情绪以衡量媒体信息；选取与房地产市场相关的关键词，收集对应的百度搜索指数数据，并进一步对不同的情绪进行划分。

在明确媒体信息如何影响消费者预期形成机制之后，本书进一步研究房价预期与房地产市场的动态关联性。房地产市场的波动不仅反映在价格层面，亦反映在交易量层面。短期内，影响房地产市场波动的除了消费者的心理预期外，还应当包含货币供应量及利率的调整等因素所带来的影响，因而本书建立了一个包含6个内生变量的 SVAR 模型考察房地产市场波动的动态机制。

更进一步地，本书较为全面地梳理和分析了银行家对货币政策的预期和感知如何影响货币政策的传导。通过构建 TVP-SV-VAR 模型，分析货币政策对住房贷款利率的有效传导，以及银行家政策感知对政策有效性的具体传导路径，从信息传播效应的视角丰富了货币政策有效性的相关研究。

本书要研究的主要问题是：第一，在预期形成机制方面，我国房价预期形成机制是否符合有偏性和异质性的特征，能否从信息传播的视角进行解释？第二，在宏观经济后果方面，我国媒体舆论的传播与居民房价预期及房地产市场波动之间存在怎样的动态关联，能否对前十多年房地产调控政策的低效性进行解释？第三，在政策有效性研究方面，公众预期传导能否解释我国货币政策传导不畅？

1.2.2 研究方法

预期的形成机制及对房地产市场的波动是一个较为前沿的研究课题。无论是理论分析层面还是实证研究层面，学者都做出了较多的尝试，以期利用更全面更准确的方法进行相关研究。本书侧重于从微观层面着手，利用不同的计量方法进行相应的实证研究，利用不同的衡量标准对预期的异质性进行衡量，并对比研究了具有不同人口结构特征的个体在预期形成方面存在的差异。

计量研究方面，本书侧重从信息的传播考察预期形成过程，并较好地克服了内生性问题。首先，本书结合预期理论与贝叶斯学习模型，构建并分析了媒体信息影响预期异质性的可能途径。这样突破了以往研究中仅以流行病模型为框架考虑预期形成机制。其次，在内生性问题的处理上，媒体信息传播与消费者预期形成之间可能存在反向因果关系，因而利用两阶段最小二乘法（two stage least square，2SLS）及广义矩估计（generalized method of moments，GMM）方法在一定程度上缓解了内生性问题。再次，本书做了多个稳健性检验，使得结果更加可信。

数据处理方面，本书对房价预期异质性及媒体信息进行了多层次的衡量。首先，本书首次利用中国经济景气监测中心的微观调查数据，从微观层面对房地产市场价格预期形成机制进行研究。国内文献在研究房地产市场预期时，多采用指标替代及理论假设为前提获取房价预期数据，而缺乏对消费者预期异质性的直观衡量。其次，媒体信息数据选择了报刊新闻报道作为衡量媒体信息传播的依据，对信息本身进行了有效刻画。最后，本书亦利用百度搜索指数数据，从信息的需求层面进行刻画。从供给和需求两方面对信息的刻画不但丰富了媒体信息数据，而且从多维度扩展了信息影响消费者预期形成机制的研究。本书利用所获取的海南省实际贷款利率数据及中央银行问卷调查数据实证检验了公众预期在货币政策传导中的重要作用。

1.3 研究内容

本书从信息的视角切入，利用微观调查数据研究国内消费者房价预期的形成机制。全书共分为以下7章：

第1章，导论。阐述研究主题与意义、研究思路与方法、研究内容、创新点。

第2章，对相关文献进行回顾并对基本的理论进行介绍，主要是从4个层面进行展开：首先对公众预期的一般形成机制进行了详细的介绍，包括了预期数据的获取、预期形成机制的基本特征、有偏性预期的经验证据及最新理论进展；媒体信息如何影响公众预期的形成，并分别对国内外文献进行了相应梳理；房地产市场价格波动的一般影响因素，分析现有文献如何从预期的视角出发研究房地产市场的波动，如何从预期的视角对美国的次贷危机进行相关解读。

第3章，首先从理论进展层面介绍了异质性预期的相互转换机制对房价波动提供的解释能力；其次，从经验层面解释了个体预期及城市间的相互传染对金融危机的解释能力；最后，独特地获取了中国经济景气监测中心的非公开微观调查数据，并利用统计分析初步检验中美两国消费者预期行为的基本特征及与房地产市场波动的相关关系，窥见其中异同点。

第4章，从信息供给的视角切入研究消费者房价预期的有偏性。假定报刊新闻是信息传导的主要媒介，本书将从报刊新闻中获取相关信息界定是信息的供给行为。本书先对消费者房价预期数据进行量化，以期获得定量的预期数据从而计算消费者的预期偏差；进一步对媒体信息的衡量进行详细的介绍，包括报刊新闻的选取、媒体情绪的划分等；然后利用贝叶斯学习模型建立相关的理论模型，探讨媒体信息影响消费者房价预期形成的可能机制；最后进行相应的实证研究，明确媒体信息量及媒体情绪对消费者预期偏差的影响，并进行相应的稳健性检验。

第5章，从信息供给的视角切入研究消费者房价预期的异质性。首先，对消费者预期的异质性进行有效衡量；其次，从理论上对消费者预期异质性的可能来源进行了分析；再次，介绍相关的理论模型并分析媒体信息如何影响预期异质性，提出相应的假设；又次，利用所获得的异质性预期数据及媒体信息数据展开实证研究，考察信息量及不同的媒体情绪对消费者预期异质性的影响；最后，利用不同的衡量方法和不同的报刊新闻分类进行稳健性检验。

第6章，从信息需求的视角对消费者预期形成机制进行再检验。百度搜索指数反映的是消费者对信息的主动需求行为。选取与房地产市场相关的关键词作为搜索对象，本书选取20个关键词，利用 Python 工具进行数据的爬取以获得相应的搜索量。该章对报刊新闻信息与百度搜索指数进行格兰杰因果检验，以明确两种不同信息来源之间的相关关系，在控制报刊新闻信息的情况下考察百度搜索指数及不同的搜索情绪对消费者预期形成机制的影响。

第7章，对媒体信息、房价预期及房地产市场波动的互动机制进行研究。建立 SVAR 模型考察媒体信息、房价预期、实际房价、交易量、货币供应量及利率之间的动态相关性；设定相应的模型识别条件，并对模型的稳定性进行检验。重点关注房价预期形成、房地产市场的波动及媒体信息的脉冲反应结论及方差分解结果；比较不同因素对公众预期、房地产市场波动所产生冲击的大小及贡献度的差异。

第8章，利用2009年9月至2018年6月的宏观经济及地区住房贷款数据，实证检验了不同货币政策规则冲击对我国住房贷款利率的时变及动态影响，并在以往研究基础上进行有效拓展。基本结论如下：

首先，不同于以往研究多关注短期企业贷款利率，本书聚焦家庭部门的中长期住房贷款利率，研究发现货币供应量对我国区域性住房贷款利率存在显著影响，但是短期利率向长期利率的传导并不顺畅，我国住房贷款利率存在显著的刚性；其次，基准利率对地域性住房贷款利率存在较强的锚定作用，市场利率对住房贷款利率的传导早期并不显著，但随着利率市场化的不断完善有所缓解，若不控制基准利率，则市场利率的传导相对有效，无论是否控制基准利率，以货币供应量为代表的数量型货币政策工具对住房贷款利率的冲击皆有效。最后，充分考虑银行家作为货币政策参与主体，其主观政策感知在货币政策传导中的作用，发现银行家货币政策感知与贷款利率之间存在显著正向关联，但银行家政策感知与实际货币政策实施之间关联性不强。

第9章，利用CHFS调查数据库中2011年和2013年的数据进行实证分析，发现家庭预期和行为之间存在一定的关联性，但是这种关联性整体较为微弱。

第10章，主要研究结论和研究展望。对本书的主要观点和研究结论进行总结，并提出可能的发展方向。

1.4 创新点

(1) 研究对象的创新，首次全面测度和分析我国居民房价预期这一主观心理因素对资产价格和家庭金融决策所产生的影响。本书以我国房价预期作为研究对象，考察其形成机制和所产生的宏微观经济效应，是对预期形成机制研究的重要补充。现有关于预期的文献多以通胀预期的形成机制作为主要的研究对象，部分文献涉及对利率、汇率及失业率等宏观经济指标的预期进行考察，但将房价等资产价格的预期形成作为研究对象的文献并不多。国内文献在研究房地产市场预期时，囿于数据的缺失，多集中于从理论进行探讨，而缺乏经验层面的论证，对房价预期本身的形成机制亦没有进行深入的研究，对于预期如何影响微观家庭的债务选择等的研究更是空白，预期的有偏性及异质性往往是引起资产价格波动的根源。

(2) 研究数据及方法的创新，首次使用中国经济景气监测中心的非公开调查数据。因房价预期数据难以获取，使得现有研究多以理论模型的分析为主导，而缺乏经验层面的分析。本书利用微观调查数据对不同年龄、性别及地域的群体预期形成机制及可能产生的宏微观经济后果进行了细致考察。本书涉及的媒体新闻数据十分庞大，媒体情绪的识别相对复杂，特别是互联网媒体新闻，需利用网络爬虫及文本分析法对新闻数据进行抓取，进一步对新闻文本情绪进行机器识别和分析。至于研究方法，在预期形成机制部分，本书侧重从信息的传播考察预期形成过程，并较好地克服了内生性问题。首先，本书结合预期理论与贝叶斯学习模型，构建并分析了媒体信息传播影响异质性预期的可能途径。这就突破了以往研究中，仅以流行病模型为框架考虑预期形成机制。其次，在内生性问题处理上，媒体信息传播与消费者预期形成之间可能存在的反向因果关系，因而利用 2SLS 及 GMM 方法在一定程度上缓解了内生性问题。最后，我们做了多个稳健性检验，使得结果更加可信。在房价预期的宏微观经济后果部分，充分利用结构 VAR、TVP-SV-VAR 模型和贝叶斯学习、Probit 和 Tobit 模型等方法完成研究。

(3) 研究内容的创新，聚焦于多年来我国房价在波动中不断上涨和货币政策传导不畅的现实经济问题。本书扩展了从媒体信息视角分析预期形成机制的维度，结合最新的预期理论研究房价异质性预期的来源。媒体信息的传播能为消费者预期异质性提供相对合理的解释。但现有文献仅以报刊新闻报道等作为代理变量从信息供给层面进行研究，而缺乏对信息需求层面的考虑。随着互联网的不断发展，公众已逐渐从被动获取信息转入主动搜寻相关信息的阶段。本书除从信息供给层面（报刊新闻）对预期形成机制进行分析外，还补充性地加入信息需求层面（百度指数）的分析，多层次地考虑了媒体信息对预期形成机制所产生的影响。将银行家情绪纳入研究内容，探究主观心理感知在货币政策对贷款利率传导及定价过程所产生的影响，为理解银行家在货币政策传导中的重要地位提供实证依据，丰富了货币政策传导效率研究的视角。建立公众预期与微观主体行为之间的有效关联，丰富了信念与决策行为之间的文献研究。

第2章 文献综述

本书结合媒体信息对近年来预期形成机制及对房地产市场波动的相关文献进行梳理，基本的研究思路如下：第一部分，介绍预期的一般形成机制；第二部分，梳理媒体信息如何影响公众预期的形成；第三部分，分别从经验层面和理论层面详细介绍预期对房价波动的影响机制；第四部分，从经验分析层面论证预期如何推动2002—2006年美国房价的过度繁荣；第五部分，评述梳理的文献。

2.1 公众预期形成机制的相关研究

完全信息理性预期的假定在宏观经济模型中占据重要地位，但这一假定因为不符合客观的经济事实而受到批判。本小节介绍预期形成机制的经验研究及最新的理论进展这两个方面。

2.1.1 预期形成机制的经验证据

1. 预期分化和偏差的广泛存在性——数据的争议

预期作为一种心理行为，存在难以度量的问题。随着微观调查数据的出现，这一难题逐渐被攻克。在20世纪末期，经济学家们对于预期调查数据的使用存在分歧，这种主观阐述是否值得信赖呢？一个优秀的经济学家会告诉他的学生，行动比语言更可靠。在理性预期假设下，居民的预期应该与模型的预设一致（Muth，1961），金融市场是完全有效的。通过调查获得的预期数据显得如此多余。因此，早期研究中经济学家习惯于假定人们持有某种特殊的预期或者从其行为当中反推他的预期（Manski，2004）。新的问题进一步出现，我们无法从这种反推预期中有效识别公众的行为选择，扩展性研究便戛然而止。预期调查数据在金融领域的运用也并不顺利，Cochrane (2009) 指出，从调查数据当中获得的预期回报率毫无借鉴意义。

随着调查数据的日益丰富，越来越多的学者通过利用调查数据得到有趣且可靠的结论，从而使得微观调查数据被广泛接纳。至此，预期的有偏性在经验层面得到了支持。这些经验证据一致指出，虽然不同文献的关注点存在差异，但预期分化和偏差是广泛存在的。早期的研究多集中于论证通胀、失业率、利率、汇率等宏观经济变量的预期数据是否有分化和偏差（Coibion et al.，2015）。随后，金融市场的预期分化和偏差问题也得到进一步研究，预期在股票市场及其截面收益（Adam et al.，2012）包括在信贷市场的传播被广泛关注。

2．预期形成机制的经验证据——基于现有的问卷调查数据

凯恩斯（Keynes）认为，人们决策存在着羊群效应或动物精神。这种人类的本能使得经济系统存在内在的不稳定性，本能的反应将会决定行为，从而偏离理性选择，进而对经济产生明显的扰动。基于宏观环境差异视角的预期偏误形成。预期形成的研究早期集中考察了 GDP 与物价等宏观经济变量对预期形成偏误的影响（Mankiw et al.，2003），随后国内学者做了相似研究。Coibion 等 (2015) 认为企业对未来经济的预期与专家预期之间存在差异，存在明显的高估现象。基于微观个体经济特征和个人经历视角的预期偏误形成。从经济特征视角来看，人们家庭财务状况、风险厌恶程度等也会影响预期的形成。预期偏误在股票市场上也被广泛印证，Adam 等 (2012) 利用四种不同的微观调查数据进行股票市场的预期偏误检验，发现股票市场的预期收益并不符合无风险收益的假设。媒体报道是公众获取信息从而形成预期的重要渠道。学界通常认为有偏性预期产生的根源在于信息获取的不完全。基于媒体报道偏差的预期偏误形成。Carroll (2003) 最早将新闻媒体传播与预期行为结合起来进行研究。他们构建了“流行病模型”，认为新闻媒体传播对公众预期的形成存在显著影响。随后，媒体舆论的偏差会引导公众形成有偏误的通胀预期被不断在经验层面印证（Lamla et al.，2012；Lamla et al.，2014）。

3．预期形成机制的经验证据——基于实验经济学的相关数据

Kahneman 等（1973）首次尝试利用实验经济学的方法验证了预期的偏差，受试者很难区分哪些是特征事实，哪些是代表性启发产生的误导作用；现有调查数据多以一定的酬劳获得，获取数据的价值需要进一步考虑，数据的偶然获得性和大量缺失致使实验经济学在预期经济学中得到广泛应用。

利用实验经济学的相关数据进行研究的文献早期集中在通货膨胀的形成。Gillitzer 等（2017）从美国和澳大利亚的经验数据中发现，当消费者所支持的政党赢得选举时，消费者将会有更稳定的通胀预期，但他们的研究指出黏性信息理论可能并不具有完全的解释能力。与之相反，Cavallo（2017）认为信息摩擦是预期形成的关键，在低通胀时期，消费者通常选择理性疏忽，对价格不太敏感，而认知能力的差异是造成预期产生偏差的重要原因。Armantier 等（2015）不仅研究了通胀预期的形成机制，还利用实验数据进一步探究了消费者的行为选择，为预期影响个体决策提供了经验支撑。随着实验经济学方法的不断完善，更多学者开始探索企业层面和房地产市场价格的预期形成，且得到有意思的结论（Coibion et al.，2018；Armona et al.，2019）。

2.1.2 居民预期形成机制的相关理论根源

1. 反应不足——适应性学习和信息刚性

预期有偏性的根源是什么？预期到底是如何形成的？本书进一步梳理近年来提出的一些理论及其扩展性研究。这些理论的共同点在于放松了理性预期假定所呈现出的假设性过强且与现实经济生活不相符合的特征（Pfajfar et al.，2010）。而这些理论的差别之处则在于是否仍接受理性预期假设：Mankiw 等（2002）及 Sims（2003）等假定决策者的预期仍是理性的，但存在刚性信息而使得决策者不能实时更新信息或完全掌握所有信息来保持理性预期；Evans 等（2001，2003）则假设决策者预期本身就是不完全理性的，其预测的模型和知识面存在一定的限制性，需要通过不断地学习才能获得趋近于理性的预期。前一种被称为刚性信息理论，后一种为适应性学习理论。

对预期有偏性根源的另一种解释：预期之所以呈现出有偏性的特征，主要是因为理性预期理论忽视了"信息刚性"的问题。信息是有成本的，因而决策者无法通过收集完全的信息并进行最优的处理而对未来经济环境等进行完全理性的预测。它主要包括黏性信息理论和噪声信息理论。

黏性信息的提出主要基于对 Calvo（1983）黏性价格理论的反驳（Mankiw et al.，2002）。卡尔沃（Calvo）等提出黏性价格和黏性工资等理论，这一系列理论因赋予了微观基础而一度成为解释宏观经济波动的基准模型，用黏性价格理论解释价格对名义冲击的反应。通过引入价格及工资黏性，得到了新凯恩斯菲利普斯曲线，这类模型广泛地运用于分析货币政策及通胀的动态性质。但这种模型有其致命的缺点，即与经验事实不相符合的特征：通胀紧缩导致繁荣而不是衰退；货币政策冲击对通胀产生缓慢而迟滞的影响（Mankiw et al.，2002）。

2. 反应不足——代表性启发视角下的诊断式预期形成

Kahneman 等（1973）提出代表性启发的观点，认为人们在面临不确定性情况下，会将两个不同的事物联系起来，从其中一个推导到另外一个发生的概率，而忽视该事物产生的真正原因或者重复的概率。人们习惯利用过去的信息对未来做判断，当前消息是好的时候，他们会以此推断未来状况也会很好。这种利用过去信息进行诊断，以形成自身信念的过程叫作"诊断式预期"，诊断式预期亦结合了外推型现象（Greenwood et al.，2014；Gennaioli et al.，2016）。但"诊断式预期"又与机械式推断存在一定的差异，模型对理性预期的偏离是以真实的状态分布为前提，推断未来状况的概率。可见，有效的新闻是否与未来的信息有关是关键点。启发式学习的行为模型亦被运用到宏观经济情境下进行预期建模，以研究诊断式预期与股票价格及信贷市场的波动（Bordalo et al.，

2016，2018）。

诊断式预期与过度自信、外推型预期同时体现了居民的反应过度现象。Heidhues 等（2018）认为过度自信和错误的学习会使得公众偏离其最优状态，从而导致错误的决策，这种模型可以被广泛应用到企业决策、团队合作等不同领域。这部分的观点其实与信息刚性理论并不矛盾，只是公众容易对有限的信息倾注过多的注意力。

代表性启发是广泛存在的，中证金融研究院和西南财经大学中国家庭金融调查与研究中心于2018年3月进行了机构投资者投资行为的相关调查（问：小李是个文静、喜欢看书并关注社会问题的女孩，她在大学时主修文学和环境学，那么，她最有可能从事下面哪项工作？答：图书管理员 / 图书管理员，同时也是山地俱乐部会员 / 银行职员）。调查数据显示（见表2.1）。将近75% 的投资者都根据过去专业信息推断了小李应该从事与图书管理员相关的工作，这是典型的代表性启发的思维模式，而只有25% 的人能够保持相对理性，选择不含有启发信息的银行职员。

表2.1　2018年3月机构投资者自我分析和决断力调查

自我分析与决断力	频率	百分率	和
1	3 306	17.51%	17.51
2	10 673	56.53%	74.04
3	4 902	25.96%	100
合计	18 881	100%	

数据来源：中证金融研究院和西南财经大学金融调查与研究中心2018年（非公开）调查。

2.2　媒体信息传播与公众预期形成研究

为什么媒体信息能够影响公众的房价预期？前沿预期理论表明，公众预期的形成主要基于对信息的收集以及对所获取的信息进行处理及消化，从而形成自身的预期。如果信息是完整的，公众便能够对未来的资产价格做出完全的判断，一旦信息不完整，则极有可能形成有偏的公众预期。但信息并不是完全免费的，信息是有成本的，公众往往受到时间和精力甚至金钱的约束。

那么公众是如何获取信息从而形成其短期预期的呢？一个有效且快速的途径是通过新闻媒体来获取信息，Blinder 等(2004)认为人们获得信息的主要渠道来自电视广播以及报刊传媒。因此，新闻媒体的舆论往往会对公众的预期起到很好的引导作用。但随着科技日新月异的发展，互联网媒体成为更大的信息获取平台。相对于报纸、电视等媒体的被动接受信息的过程，网络媒体提供了更多的主动搜索和探知的过程。在新闻学研究中，较多研究者围绕不同新闻媒体对房地产相关新闻报道进行研究，比较新闻媒体价值取向性。近年来，不少研究者开始关注媒体信息作为一种主要的信息传播源对资产价格的波动产生怎样的影响。Soo (2015)和 Walker (2014)都重点研究了新闻媒体信息报道对房地产市场过度繁荣所产生的巨大影响。但其之所以能够对资产价格产生影响，更重要的原因在于其影响消费者预期的形成。公众行为的决策在很大程度上来自文化因素和社会因素的影响。而这种情绪更多根植于媒体信息的强势扩张：一方面，新闻媒体的经年累月的传播使得公众产生了较为稳定的文化情绪；另一方面，新闻的广泛传播使得公众处于被社会团体包围的境地，从而使得其产生一种从众心理。

信息在解释资产市场的波动中占据非常重要的位置。结合新闻信息对资产价格波动特别是房地产市场价格的波动进行解读的文献近年来逐渐增加(Iacoviello et al.，2010)。为什么媒体信息能够影响资产价格的波动？一个重要的原因在于预期在其中所充当的中介作用。Lambertini 等(2013)通过综合考虑新闻冲击与消费者预期及房地产市场价格波动的相关关系，并利用 VAR 模型进行了相关实证研究，但他们并没有从微观层面进一步刻画这一影响过程。

研究新闻媒体对行为决策影响的文献由来已久。Soo (2015)首次提出可以利用房地产市场的新闻事件作为情绪指标的替代，生成相应的房地产市场情绪指数，以研究其对房地产市场的繁荣衰退周期的影响。选用当地新闻事件的观察来度量房地产市场参与者的情绪，主要的原因在于新闻与投资者的信念之间确实存在很强的相关性，新闻媒体存在着满足读者偏好的动机甚至根据读者的信念编辑相关的新闻（Shiller，2005）。为了保证所选用的新闻事件能够排除房地产市场基本面的影响，Soo(2015)进行了简单的处理：首先，除去所有包含"税收""信贷"或"按揭利率"等词组的新闻；其次，选择周末的新闻，因为官方发布的经济数据往往在工作日；最后，选择那种叙事性的新闻，因为这类新闻往往包含一些满足大众需求而不包含实际信息的内容。其结论与 Case 等(2012)的结论基本一致，且这种情绪指数不仅能够对房价有很好的预测作用，且能够很好地度量其交易量。通过对文献的梳理可以发现，研究房价预期与房地产市场的波动应该充分考虑其相互影响的动态机制。

从经验层面研究媒体信息报道对消费者预期形成机制的影响早期来源于 Carroll (2003)所做的工作。他们结合新闻信息利用"流行病模型"对消费者与专业人士的预期误差存在的差异进行解读。当部分消费者获取相应的信息之后，会将这种信息传递给其他人，信息在人群中得以广泛传播，就像流行病一样。他们考虑有关通胀新闻曝光率是否对消费者房价预期的误差产生影响，通过利用密歇根消费者调查数据库的数据进行相关研究发现，新闻媒体的报道有利于消费者做出更加准确的判断，并且新闻报道量越大，则消费者信息更新速度越快。他们通过对通胀及失业预期的调查同时验证了预期的非理性。但是该文献存在两个问题：第一，缺乏直接衡量新闻披露对公众预期影响的相关研究；第二，并不存在对新闻的预期进行区分的研究，不能更加细致地考察公众预期对新闻披露的相关反应。Doms 等(2004)等从新闻报道性质的层面开始关注新闻媒体传播对通胀预期形成的影响，他们认为新闻媒体披露对通胀预期的影响机制主要包括三个层面：一是新闻媒体通过传播最新的经济数据即专家观点给消费者；二是消费者通过相关经济报道主动从报道总量及报道信息方面着手考虑；三是新闻报道量越大，则消费者越有可能形成更加准确的预期。Lamla 等

(2012)利用贝叶斯学习模型从新闻预期的角度就通胀预期的形成机制进行了相关研究，他们的研究得出了与卡罗尔(Carrol)相似的结论，即新闻报道量对消费者通胀预期有偏性起到很好的解释。赖斯(Reis)更是进一步提出了公众信息存在极强的时滞性而不能及时得到更新，但他并没有进行经验层面的验证。之前的研究中，新闻媒体的研究主要集中于证券投资、失业等领域。

近年来，国内经济学领域亦逐渐开始探索公众预期的形成机制，但从媒体信息这一信息经济学视角进行研究的相关文献却并不丰富。卞志村等(2012)曾研究央行信息报道对通胀预期的影响，发现央行信息报道和以货币政策为代表的实际干预都会对通胀预期的形成存在显著的影响，有效地结合两者能够提高信息报道的精确性，使得通胀预期在长短期都能得到良好锚定。但一个重要问题在于，作为一般消费者是否会选择关注政府工作报告并进行有效分析？通常而言，本书认为互联网作为重要的传播新闻平台，对政策及新闻事件都有很好的解读，公众从报刊新闻获取信息的可能性会更大。张成思等(2014)从报刊信息报道的视角出发对通胀预期的形成机制进行研究，发现新闻信息报道与通胀预期的形成之间存在显著的双向作用。

2.3 公众预期与宏观资产价格波动研究

过高的房价容易导致泡沫的滋生，泡沫的最终破灭则会导致经济衰退，更严重的有可能导致全球性的经济大衰退。纵观宏观经济史上大部分经济危机都以房地产泡沫为导火索：美国在20世纪20年代经历了佛罗里达州的房地产泡沫，泡沫的破灭引发了华尔街股市的崩盘，并间接引发20世纪30年代世界经济大萧条；日本1991年房地产泡沫破灭，导致日本经历了有史以来最为漫长的经济衰退；泰国1997年房地产泡沫破灭，引发了亚洲金融危机；2008年美国的次贷危机及其最终演化成的全球金融大危机的导火索亦是房地产泡沫的破灭。本书将对影响房地产市场价格的一般因素及预期因素分别进行梳理。

2.3.1 影响房地产市场波动的一般因素

房地产市场的过度波动一直受到广泛关注，特别是2008年全球性金融危机爆发之后，更是极大地激发了学者们对房地产市场过度繁荣及其衰退的研究兴趣。但到目前为止，学术界并没有对引起房价波动的原因形成一致的结论。较为普遍的解释是，房地产市场的繁荣是由于全球性的储蓄过剩使得大量资金闲余，从而增加了信贷的供给以及较低的真实利率，并大大提高了住房需求与价格（Himmelberg et al.，2005）。但这些原因并不能够为房地产市场的异常繁荣提供完整的解释：1996—2006年的低利率对房价的解释力度仅有20%左右（Glaeser et al.，2012）。Jurgilas等（2012）指出借贷标准的放松及成本的降低并不能成为房价上涨的主要原因，反而是由于房价的不断上升而使得借贷标准放松，高房价与宽松的信贷条件之间存在一定的正反馈机制。Shiller（2005）认为金融自由化不是这次房价泡沫形成的主要成因，也不可能是根源性的原因，正是因为泡沫存在而导致社会充斥着负面情绪，从而导致监管的缺位。即便利用不同的数据、不同的计量模型或以不同的假设条件为前提，传统文献都无法对房价的过度繁荣提供完整的解释（Duca et al.，2011；Lai et al.，2010；Glaeser et al.，2012）。

对于房地产价格的影响因素，国内外学者都进行了相对较为详细的梳理。如Goodman等（2008）曾指出，现有的房地产研究主要集中在三个方面：一是住房市场的长期均衡模型；二是住房价格的短期动态模型；三是对住房供给弹性的估计。

1．经济基本面

从经济基本面来看，对房价产生影响的一个重要因素是整体的经济状况。如在研究宏观经济与房价之间的关系时，GDP的增长首先会影响就业率的增加，从而增加了居民的可支配收入，当具名的可支配收入增加时，房价自然会受到相应的影响。彭聪等（2009）研究表明，经济总量、物价和贷款利率的波动，都是影响未来房价走势的重要因素。汪新等(2010)通过PLS方法对我国房地产市场价格如何受宏观经济因素的影响进行了定量分析，研究结果表明土地价格、资金规模及国民财富是影响我国房价的重要因素，尤其是货币供应量对我国房价变化的影响作用非常突出。

2．政策层面

从政策层面来看，我国出台的一系列宏观调控政策对房地产市场产生了巨大的影响。因为房地产市场对资金依赖非常高，因此银行信贷对房地产市场价格的波动容易产生显著的影响。邓宏乾等(2012)指出住房信贷中开发信贷对住房价格的抑制作用较小，消费信贷则对住房价格的拉动作用相对较大，住房信贷的扩展对住房价格上涨有明显的推动作用。提高或者降低利率对房地产市场的影响则被分为两派：利率与房价之间呈现出明显的负向关系（Kasai et al., 2010）。利率的提高会使得房价上升而不是下降，因为金融创新和金融自由化使得两者之间的关系不断被弱化。杜雪君(2009)认为房地产税对调整房地产市场和社会经济中的收入分配起到了非常重要的作用，房地产税资本化会使得房地产的价值有所降低；在收入约束既定的条件下，营业税和个人所得税的增收会影响消费者的住房消费，从而影响房价；房地产税对不同地区房价的抑制作用存在一定的差异性，即具有区域性差异的特征。

3．社会层面

从社会层面来看，人口和城市化进程以及地区的文化因素等都会影响房地产市场的价格变动。城市化进程是房地产市场的重要推手，城市化的迅速推进会使得对住房的需求量大大增加(任荣荣 等，2008；李培军，2011)。因为农村人口逐步向中小城镇转移、中小城镇向城市转移，城市人口则向核心城市转移，从而带动了购房的需求(丁祖昱，2013)。一个国家的传统文化及其习俗和信仰使得不同国家之间的房价形成存在一定的差异性，如在我国存在一种所谓“丈母娘经济”，即作为单身未婚青年，结婚的第一要务是买房，从而在某种程度上推动了住房市场的繁荣。

国内房地产市场的波动，特别是后危机时代的心理预期对中国房地产价格存在何种影响是值得探讨的问题。价格、收入、支出、消费、投资等预期皆会影响房地产市场的最终价格波动，但政府出台的政策和宏观调控措施的稳定则是主要的影响因素之一，这种影响效率在后危机时代表现更加明显(蒋海曦等，2011)。Mishkin (2007) 认为，利率主要通过使用者成本和房价波动的预期对房价产生相应的影响，利率提高增加了住宅使用成本，进而导致住宅需要减少，最终会使房价下降。

2.3.2　从预期视角对房地产市场波动进行分析

1．预期影响房地产市场波动的经验研究

较早提出从人类心理行为角度出发考虑房价波动的是2013年诺贝尔经济学奖得主席勒。他指出，人们的过度乐观或悲观情绪、对自我信念的怀疑所导致的从众心理能够为房地产泡沫的破灭提供相对合理的解释(Shiller，2005)。Case 等(2012)指出，公众预期是房地产市场的崩溃并导致次贷危机从而进一步衍生为全球金融危机的根源。根源性的错误是观念的错误：这种自我实现的乐观情绪使得房价不断上涨，而悲观情绪则使得房价大幅下跌。而预期是一个能够很好体现对房价波动的情绪及心理活动的指标。因此，对于金融危机的传导，另外一个重要渠道是来自预期的传染。早在1997年泰国地产泡沫发生时，Wong (2001) 就曾表示在经济过热、国际资本大量流入的情况之下，地产商对市场过度乐观的预期及居民预期间的相互作用所产生的“羊群效应”(或“动物精神”)会导致房产泡沫的产生及膨胀。美国金融危机调查委员会曾强调自我加强的正反馈机制促进了房价的高涨及泡沫的破灭。Akerlof 等(2009) 认为，房地产市场的过度繁荣及衰退最终还要归结到凯恩斯所说的“动物精神”和非理性繁荣中来。这些事实都指出，寻找非传统住房市场基本面的因素对房地产市场价格波动研究十分必要。

Nofsinger等(2011)曾指出储户的情绪及心理活动的偏差往往会导致宏观经济的波动。Case等(2003，2012)明确指出购房者的非理性预期是影响美国房地产市场走向破灭的主要原因。Piazzesi等(2009)亦通过对密歇根消费者购房预期进行研究，认为过度乐观或悲观的预期往往是导致房地产市场繁荣或衰退的主要原因。

陆磊等(2004)从预期的角度入手研究了居民房地产投资的决策和泡沫的破灭，认为预期收入和预期价格是决定房地产投资的基本因素，房地产市场上的泡沫破灭及堆积的过程是决策者在理性预期下对于房价形成一定的预期并做出当下的投资决策而实现的。杜敏杰等(2007)则从房地产价格的限制理论入手，建立房地产价格变动与汇率变动之间的数量模型。相关结论显示，房地产作为众多资产中的一种，人民币的升值会导致房地产价格出现一定的增长，而当存在对人民币的升值预期时，房地产价格也将持续上涨。何正霞等(2008)认为预期对房地产泡沫的生产和破灭都存在着影响：当预期房地产价格上升时，便出现部分投机者的投机行为从而滋生泡沫；而居民对未来收入增加的预期又会进一步加大房地产泡沫；预期收入的下降和实际利率等因素则导致了泡沫的破灭。公众的房价预期如何推动房地产市场的波动？相关问题包括：在理论层面，如何刻画预期对房价波动的影响；在经验层面，预期能否对次贷危机中房地产市场泡沫的破灭有显著的解释能力。

况伟大(2010)通过扩展住房存量调整模型，考察了预期和投机对房价的影响，认为预期及投机对房价的波动有较强的解释能力。他通过假定不同的预期形式模型，分别考察理性、适应性及有限理性情况下，预期最终如何影响房价。他的研究发现，适应性预期对国内房地产市场具有更强的解释能力，而这一结论也与洪涛等(2007)的结论相一致。任荣荣等(2008)指出国内居民对未来房价的预期判断符合近视预期的特征。高波等(2013)通过构建购房者和租房者的住房消费选择模型考察预期及收入差距对房价租金比的影响，发现收入差距变化为房价租金比的上升提供了主要的解释，而预期亦能部分地解释房价租金比的上升。国内较早对信心进行分解的是陈彦斌等(2009)，其考察了信心对中国宏观经济波动的影响。

图2.1反映了预期影响房价的正反馈机制，市场上过度乐观预期通常会导致住房需求的增加，从而进一步促进房价的上升，引发房地产市场的繁荣；与之相反，过度悲观的预期则会导致住房需求的下降，进一步促进房价的下跌，引发房地产市场的衰退。而市场上的乐观或悲观预期则主要由群体的自我修正或相互交流所传导。

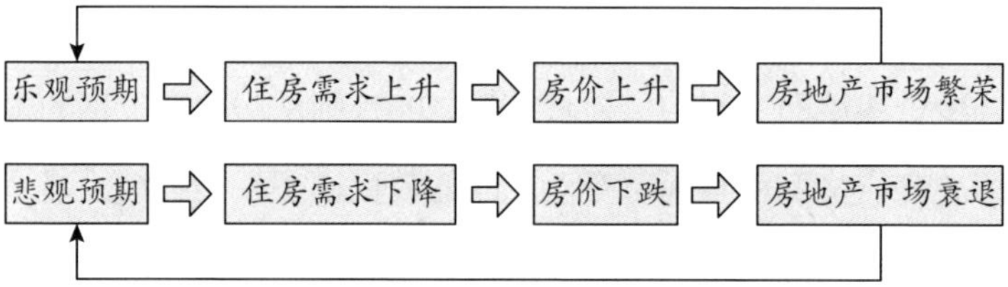

图2.1　预期影响房价的正反馈机制

近年来国内虽从预期角度诠释房地产市场价格的波动文献逐渐增多，但将预期作为研究重点并对其形成机制进行研究的文献相对较少。即便部分文献有所涉及，其预期数据的设定多以前期的实际价格(适应性预期)、未来一期的实际价格(理性预期)等方式作为替代，缺乏微观层面的经验数据支持。

2．预期影响房地产市场波动的理论进展

近年来，在研究金融市场及经济的短期均衡偏离时，异构代理模型（Heterogeneous Agents Model，HAM）提供了很好的研究方法，亦为从预期角度研究房地产市场的波动提供了很好的借鉴。该模型是由Brock等(1997，1998)首次提出，他们指出异质性预期以及信念之间的相互转换往往会导致资产基础价值的局部不平稳以及资产价格的多重均衡，从而引起相应的泡沫乃至最后的破灭。相对于单一的、完全理性的预期，HAM放宽了完全信息理性预期的假定，认为代理人之间的预期通常是近似理性和异质性的。这一假定的放松使得研究更加贴近经济现实，且使得宏观模型有了更好的解释效果。

Ascari 等(2013)构建了代理人计算(Agent-Based Computational，ABC)模型并且放弃传统模型中预期是理性及同质性的假设。在价格形成机制方面，采用 Lengnick 等(2013)的假定，假设存在两种不同类型的决策者，他们拥有不同的房价预期形成机制：其一是技术派，将当前的房价发展趋势作为预期未来房价变动的依据；另一种是基本面派，认为即使房价出现短期偏离，但最终依然要回归其基础价值。当技术派的决策者在市场上占主导地位时，房地产市场的价格则呈现非理性的波动；当基本面占主导地位时，错误的定价则会被更正。这种设定虽然相对简单，但却能够内生地解释房价的波动问题。房价被不同类型的决策者根据自身的预期所推动，基本面派和技术派通过各自的需求而影响最终的房价，其需求又由其自身效用最大化的决策所决定：

$$\hat{Q}_{t+1} = \hat{Q}_t + \alpha(W_t^c \hat{h}_t^{d,c} + W_t^f \hat{h}_t^{d,f}) + \epsilon_t^Q \tag{2.1}$$

式中，$\hat{Q}_{t+1}$ 是对 $t+1$ 期房价对于稳态的偏差，其驱动主因分别来自第 t 期稳态的偏差 $\hat{Q}_t$ 以及基本面派 $\hat{h}_t^{d,f}$ 和技术派 $\hat{h}_t^{d,c}$ 的需求偏差。W_t^c 和 W_t^f 分别为两种不同决策者所占比例，该比例根据决策者对自身预期的修正而随着时间的变化而变化，其和为1。不同决策者之间的相互转换主要依据其过去的表现修正，坚持或改变自身的预期。噪声信息 ϵ_t^Q 满足独立同分布的特征。具体而言，不同决策者的预期形成机制如下：

$$E_t^c\left[\hat{Q}_{t+1}\right] = \hat{Q}_t + l^c\left(\hat{Q}_t - \hat{Q}_{t-1}\right) \tag{2.2}$$

式中，E_t^c为技术派决策者根据过去的价格变动趋势而形成自身的房价预期值；l^c 代表技术派对前期预期偏误的持续程度；$\hat{Q}_{t-1}$ 则是 $t-1$ 期房价对于稳态的偏离程度。

基本面派决策者认为错误的定价将会被部分地修正。参数 l^f 反映了错误的定价被修正的部分。其房价预期值为 E_t^f。参数 l^f 指代表了基本面派对前期预期偏误的持续程度，$\hat{Q}_t^{fd}$ 则是 t 期基本面派通过观测新屋建造形成的房价稳态偏离预期。

$$E_t^f\left[\widehat{Q}_{t+1}\right]=\widehat{Q}_t+l^f\left(\widehat{Q}_t^{fd}-\widehat{Q}_t\right) \tag{2.3}$$

Dieci 等（2013）在考察投机行为及预期是如何影响房价波动时，采用类似的设定，认为具有外推型预期规则的技术性决策者通常会对金融市场上的动态活动增加一个正反馈机制，使其大幅偏离其平稳状态。而基本面分析者则更加倾向于均值回复式的预期，从而使得房价最终趋于平稳状态。Bolt 等（2013）亦认为决策者的预期形成机制包括外推型和均值回复型两种，并在异质性预期的角度之下重新解释了各国在 1970—2012 年间房价的波动过程。

在异质性预期的前提下，基于 ABC 模型对不同形式的决策者预期形成机制进行设定以解读房地产市场价格的繁荣及衰退的文献虽然具有较好的解释能力，但依然存在一定的问题。房地产市场的繁荣与衰退不应当仅仅归因于决策群体自身预期的修正转变，更应当关注个体之间的相互交流及传染效应是如何影响个体预期的改变以致最终改变市场的整体预期。

决策者的异质性预期不仅可以表现为技术型决策者和基本面决策者，还可以从乐观预期者和悲观预期者角度进行分类。异质性预期之间的相互转换也不仅仅是因为行为者对自身行为的自我修正。Burnside 等（2016）认为行为者之间观念的相互传染有利于预期形成的转换。与 Bolt 等（2013）的异质性预期存在显著差异：其一，异质性源于对基本面本身的信念而不是决策者所认为的对预期的反馈。其二，一般异质性决策者是被其他人所感染，而不是根据自身过去的经验重新估计并不断地修正，其内在转换机制存在差异。正是由于不同的决策者之间存在异质性，不同人群之间在进行交往时，才会产生信息的交流和预期的转变，从而改变社会的整体预期。

在进行论证之前，Burnside 等（2016）提出三点假设：首先，房价的驱动力主要来自房价基础价值的不确定性，但一般而言房地产市场基础价值变化的概率并不大；其次，不同个体之间存在着异质性的房价预期，一些决策者认为基础价值会上升，而另一些则认为不会；最后，强调“社会动态”，即决策者在相互交流之时，会改变之前对长期基础价值所持有的观念。自我信念更强的人往往会改变那部分意志力相对薄弱的人。这种“社会动态”的传染效应类似于许多文献中提到的传染病模型。

2.4　公众预期与微观主体决策关联研究

2.4.1　家庭债务决策相关文献

1. 债务杠杆与经济周期

债务杠杆具有很强的时变性，在推动经济发展的过程中扮演重要的角色。家庭杠杆是2008年金融危机爆发的核心驱动力。杠杆具有明显的时变性和顺周期性，经济情况良好的时候，贷款容易获得，杠杆增加，家庭债务的快速增加不断推动美国房价快速上涨，泡沫的不断累积会最终导致破灭而爆发金融危机。Adrian 等(2010, 2014)指出，利用不同的核算方式，家庭杠杆可以分为一种是账面杠杆(债务 / 净资产)，当资产价格增加时，债务增加的速度小于净资产增加的速度，从而导致杠杆在不断地降低，呈现出明显的逆周期性杠杆。另外一种是市场杠杆(债务 / 可支配收入)，当资产价格增加时，债务增加的速度大于可支配收入增加的速度，从而导致杠杆的顺周期性。危机爆发后，大量投行的倒闭致使贷款数量急剧下降(Gorton et al.，2012；Krishnamurthy et al.，2014)，杠杆收缩，可见顺周期性的杠杆在一定程度上抑制了居民消费从而导致经济复苏相对缓慢(Eggertsson et al, 2012；Mian et al, 2014)。这种顺周期的杠杆通常会改变投资者的风险态度及金融选择行为，从而影响资产价格波动(He et al, 2013)。顺周期杠杆产生的原因并不清晰，有学者认为政策管制和技术限制能够提供一定的解释(Adrian et al, 2010；Geanakoplos, 2010)。家庭杠杆与经济周期是否存在反向因果关系也备受争议，Eggertsson 等(2012)认为家庭杠杆的收缩会导致经济出现持续的下滑。另一部分学者则认为家庭加杠杆或者杠杆收缩对宏观经济及信贷周期没有影响或影响很小(Justiniano et al, 2015；

Santos et al, 2021）。

Mian 等（2017）收集了1960—2012年间30个不同国家的数据，证明家庭债务会冲击全球的经济周期：一方面，家庭借贷的增加仅仅是因为信贷供给的扩张，且有一些看似合理的理由，如名义工资摩擦、信贷通胀等，则极有可能会导致借贷过度，从而最终致使GDP的增长放缓；另一方面，家庭借贷的增加是因为生产力或者技术冲击的，那么未来预期的收入将会进一步增加，从而刺激其消费和借贷预期，此时的家庭债务与未来的收入是成正比的。

2. 事后"疗伤"还是事前"预防"——前瞻性杠杆选择的重要性

决策层对杠杆的选择，特别是房地产市场的杠杆选择有着极大的兴趣（DeFusco et al.，2017）。以次贷危机为例，危机爆发后，美国当局直接对家庭杠杆采取了一系列事后措施，债务重组或临时承担了家庭债务都是有效的尝试，学术界由此产生了大量文献研究，集中探讨这些针对家庭债务的事后政策所带来的影响（Agarwal et al.，2017；Agarwal et al.，2017；Ganong et al.，2017）。似乎很少有文献谈及事前政策应该如何限制这种高风险的借贷行为以阻止家庭杠杆的不断扩张。越来越多的研究表明，与事后的"疗伤"相比，事前的预防会更有效，它将使高负债家庭面临不利的经济冲击时，能够被有效引导，以降低自己的损失同时也避免了再次发生金融危机的风险（Dávila et al, 2017；Korinek et al, 2016；Farhi et al, 2016）。

综上可见，杠杆是推动宏观经济波动的重要因素之一，事前前瞻性的政策预防可能比事后的政策补救更加有效，充分了解家庭债务选择问题是制定事前有效政策的核心。但投资者是如何选择杠杆的问题似乎并不清晰，政策制定者对房地产市场的杠杆选择尤为感兴趣（DeFusco et al.，2017）。

3. 不确定性视角下的企业结构性杠杆差异——期权选择与金融摩擦

2008年金融危机后，不确定性成为学术界研究的热点。2014年的世界银行的《世界发展报告》指出，发展中国家与发达国家相比，要承受更多的宏观经济不确定性。我国目前仍然属于发展中国家，因此面临的不确定性相对较高。不确定性意味着风险与机遇同在，但风险和机遇极有可能是不对称的。不确定性是一个相对模糊的概念，指标测度的困难使得相关研究一直处于起步阶段，如何量化不确定性一度成为相关研究的突破点。

相关数据显示，次贷危机爆发后的2007—2009年，美国的企业投资遭受重创，大约下降了32%，而政策不确定性的贡献率将近三分之二（Gulen and Ion, 2015）。不确定性抑制企业投资的传导机制被广泛关注，现有研究主要通过实物期权选择效应和金融信贷摩擦效应来解释不确定性对企业投资活动的抑制。金融信贷摩擦效应主要是指随着宏观经济不确定性，企业获取资金融通成本会不断增加，进而影响企业投资行为（Arellano et al.，2012；Gilchrist et al.，2014；刘海明 等，2015；张成思 等，2018）。实际上，面临宏观不确定时，即便没有面临信贷约束，企业难以形成相对稳定预期，同样会改变其投资行为。企业的沉默成本和固定成本的存在使得企业的投资计划通常是不可逆的，当面临较强的不确定性时，企业可能会推迟自己的投资计划（Bloom, 2009；Bachmann et al, 2013；Bloom et al.，2018；李凤羽 等，2015）。但这两种渠道所产生的作用是否一致值得考虑，Gilchrist 等（2014）在一般均衡模型中分析了这两种影响机制的相对重要性，发现金融信贷摩擦的解释力度更强。

国内学者结合不确定性研究了我国企业的高杠杆问题。他们分别从政府隐形担保、债务展期、不确定性规避等视角解读经济政策不确定性对企业杠杆选择所带来的影响，且进一步解释了国有企业和非国有企业之间的结构性杠杆问题（王朝阳 等，2018；张一林 等，2018）。顾研等（2018）选择从预期的视角来解读不确定性条件下的企业杠杆选择问题，他们认为宏观经济环境的不确定性越大，则企业对未来融资环境预期越差，从而降低企业的杠杆。通过文献梳理发现，杠杆是驱动经济周期的重要原因之一，前瞻性杠杆具有重要的指导意义，但现有研究依然多关注企业的投资和杠杆行为，对微观家庭经济行为的关注相对缺乏，聚焦于家庭债务杠杆的文献更是寥寥无几。本书试图研究我国家庭部门的家庭债务决策行为，明确其背后的心理预期机制，为稳定我国家庭债务和防范家庭债务危机提供经验证据。

2.4.2 家庭消费行为的相关文献

1. 消费行为的相关研究：理论演进与经验事实

从消费理论演变进程来看，基本沿着从确定性到不确定性，进而转向心理特征的逻辑来展开。第一部分，不确定性框架：从 LC-PIH（生命周期－持久收入）假说到缓冲储蓄模型。LC-PIH 假说是现代消费理论的经典模型，但其以确定性条件为背景，因而对现实问题解释力度有限，而预防性储蓄模型（Leland，1968）、流动性约束理论（Hall，1978）、缓冲储蓄模型（Carroll，2001）等将不确定性纳入分析框架中，提高了模型的解释能力。第二部分，行为消费理论：从黏性消费到黏性预期理论。部分学者将消费习惯等微观因素纳入研究框架成为消费行为理论的前沿领域（Dynan，2000；Carroll，2011；Havranek et al.，2017）。实际上，现有研究忽略了预期不确定这一衔接宏观不确定性与家庭消费行为的中介变量（Binder，2017）。Carroll（2020）指出黏性预期是影响家庭消费不可忽视的因素，以消费习惯假说为核心的理论掩盖了预期黏性影响消费行为的本质。Christelis 等（2020）利用被调查者的主观消费预期数据替代现实消费情况以构建消费的欧拉方程，验证家庭部门预防性储蓄行为，但该研究侧重于研究储蓄而非消费行为。如何将黏性预期与不确定性有效结合以研究消费行为理论成为研究新视角。

2. 家庭消费倾向持续降低的现状及解释：来自中国的经验证据

经济新常态下，消费对我国经济增长的贡献率不断提升与家庭消费倾向持续低迷、消费行为日趋谨慎的现象共存。为探寻消费持续低迷之因以实现扩大消费之策，学者沿着以下三个思路展开探讨。第一种解释是基于不确定性等外在因素。早期学者多将收入不确定性视为影响消费的唯一因素。实际上，高医疗、高教育支出、资产价格和宏观经济波动带来的不确定性都会影响家庭消费和储蓄行为(罗楚亮，2004；沈坤荣 等，2012；李涛 等，2014；毛中根 等，2017)，而预防性储蓄和流动性约束则是解释不确定性抑制家庭消费的重要机理(杨汝岱 等，2009；臧旭恒 等，2018；甘犁 等，2018)。第二种解释是基于消费习惯等内在因素。消费习惯因体现了居民对当前和未来消费的偏好，成为我国消费行为日趋谨慎、居民消费相对不足的重要因素(杭斌 等，2013)。石明明等(2019)探讨了我国城乡消费结构和消费习惯问题，发现随着国内宏观经济下行压力增加，消费升级出现放缓的现象。第三种解释是基于心理预期等内在因素。预期影响家庭经济决策行为成为家庭金融研究中的前沿领域(Bailey et al.，2018)，国内学者亦展开有利探索，但大部分学者集中探讨预期对家庭资产选择的影响(徐淑一，2020)。少数学者考虑到预期对居民消费的影响(胡永刚 等，2013)，多作为调节变量进行分析，缺乏深入探讨，且所关注的预期指标较为单一。

2.4.3　居民预期信念下的家庭金融行为研究

部分学者尝试探讨宏观经济变量的预期与家庭经济行为的产生，研究通胀预期的形成对家庭经济行为所产生的影响，高通胀预期会减少资产和债务的持有，增加消费(Bachmann et al.，2015；Vellekoop et al.，2019；D′Acunto et al.，2019)，或尝试探究房价预期对家庭杠杆的选择及房产投资行为，当个体的社会网络当中存在一些经历了房价快速增长阶段的朋友时，会增加其乐观预期，从而产生购房行为或借贷行为(Bailey et al.，2017，2018)。另一部分学者集中探讨金融市场的预期与家庭投资活动，认为对股票市场和宏观经济的看法会影响家庭投资决策(Greenwood et al.，2014)。但极少文献进一步探讨引起家庭投资、消费等决策产生变化的居民预期是如何形成的。D′Acunto等(2019)认为居民个体的认知行为是产生预期误差，从而进一步影响其经济决策行为的主要因素，他们的研究认为高智商(IQ)的男性群体做出错误预期的概率相对较低，在面临高通胀时，能够迅速调整自己的消费行为。Roth等(2018)

则从宏观经济环境的预期的视角研究居民如何形成预期，并进一步影响其消费行为和股票投资决策。

不确定性增加会从多种渠道影响微观主体的决策行为，并可能进一步影响整体经济活动。不确定性增加亦会影响家庭的消费、投资和储蓄行为。相关数据显示，收入和政策的不确定性增加会在一定程度上增加储蓄，减少消费（Aaberge et al.，2017；Chamon et al.，2013）。面临较高程度的不确定性时，部分家庭还会减少股票市场的参与程度，减少家庭资产的多样化（Agarwal et al.，2018；Veronesi，2019）。微观层面的不确定性预期同样会影响家庭的消费、储蓄和投资决策，收入较低或受教育程度较低、财务状况较不稳定以及居住在失业率较高的群体，其对自身收入增长、通胀和全国房价变化具有更高的不确定性预期，从而导致其投资行为更加谨慎。

Koudijs 等（2016）则指出信念的转变能够影响风险的承担从而影响杠杆的选择，而风险态度的转变则与特定的生活经历息息相关，具有乐观预期的购房者会选择高杠杆。Bailey 等（2017）则持相反的观点，他们的研究指出，预期对杠杆的影响机制是相对模糊的，当以消费为主要目的的购房者拥有悲观预期的时候更可能选择高杠杆，而不是低杠杆，预期影响债务决策主要通过两个渠道：其一，通过对住房投资回报的预期，即更加乐观的投资者会选择投资更大的房子，因为每一笔投入都会带来更高的回报，为了买到更大的房子，他们需要更多的固定资金。其二，通过“首付款效应”来影响杠杆选择，即当房产面积固定时，更加悲观的投资者会付更低的首付，以便发生违约时，可以及时抽离而损失最小。Santos 等（2021）认为家庭财富和收入都将通过影响居民的家庭风险偏好从而影响家庭的消费和投资决策。

第 3 章　中美两国消费者房价预期的差异与特征事实

3.1　研究起源

房地产市场因兼具投资和消费双重属性而备受关注。2018—2019 年中央经济工作会议明确指出，构建房地产市场健康发展长效机制，全面认知和解读房地产市场的波动是重要前提。但到目前为止，学术界并没有对引起房价波动的原因形成一致的结论。部分学者将房价的长期波动归因于建筑成本和经济基本面的变化，如人口增长（“婴儿潮”）、收入增加、就业和利率等因素。较为普遍的解释是，房地产市场的繁荣是由于全球性的储蓄过剩使得大量资金闲余，从而增加了信贷的供给以及较低的真实利率，并大大提高住房需求与价格（Hwang et al.，2006；Agnello et al.，2018）。但这些原因并不能够为房地产市场的异常繁荣提供完整的解释。Glaeser 等（2012）研究表明，低利率对房价的解释力度仅为 20% 左右。借贷标准的放松及成本的降低并不能成为房价上涨的主要原因，反而是由于房价的不断上升而使得借贷标准放松，高房价与宽松的信贷条件之间存在一定的正反馈机制。Shiller（2014）认为金融自由化不是这次房价泡沫形成的主要成因，也不可能是根源性的原因，正是因为泡沫存在而导致社会充斥着负面情绪，从而导致监管的缺位。即便利用不同的数据、不同的计量模型，或以不同的假设条件为前提，传统文献都无法对房价的过度繁荣提供完整的解释。

心理及预期的因素在资产价格波动中有着重要的影响，是建立长效机制和防范金融风险的重要前提。时任住房和城乡建设部部长王蒙徽表示，2019年以稳地价稳房价稳预期为目标，促进房地产市场平稳健康发展。着力建立和完善房地产市场平稳健康发展的长效机制，坚决防范化解房地产市场风险。美国金融危机调查委员会曾强调自我加强的正反馈机制加速了房价的高涨及泡沫的破灭。更多研究(如，Akerlof et al.，2009；Bao et al.，2017)认可这一结论，认为人们的过度乐观或悲观情绪、对自我信念的怀疑所导致的从众心理(或称为羊群效应)能够为房地产泡沫的破灭提供相对合理的解释为，房地产市场的过度繁荣及衰退最终还要归结到凯恩斯所说的“动物精神”和非理性繁荣中来。这些事实都指出，寻找非传统住房市场基本面的因素对房地产市场价格波动进行研究十分必要。

本书将对近年来国内外从预期角度解读房地产市场过度繁荣和衰退的相关文献进行梳理，基本的研究思路如下：第二部分，从理论分析层面解释房价预期对房价波动的影响机制，即过度悲观或乐观的预期如何影响房价的繁荣与衰退；第三部分，从经验分析层面解释预期如何推动美国次贷危机的产生和发展；第四部分，分别利用中美两国消费者调查数据库的房价预期数据进行统计分析，考察房价预期的特征事实；第五部分，总结并提出现有文献中存在的问题及今后进一步的研究方向。

图3.1给出了预期影响房价的反馈机制。市场上过度乐观预期通常会导致住房需求的增加，从而进一步促进房价的上升，引发房地产市场的繁荣；与之相反，过度悲观的预期则会导致住房需求的下降，进一步促进房价的下跌，引发房地产市场的衰退。而市场上的乐观或悲观预期则主要由群体的自我修正或相互交流所传导。

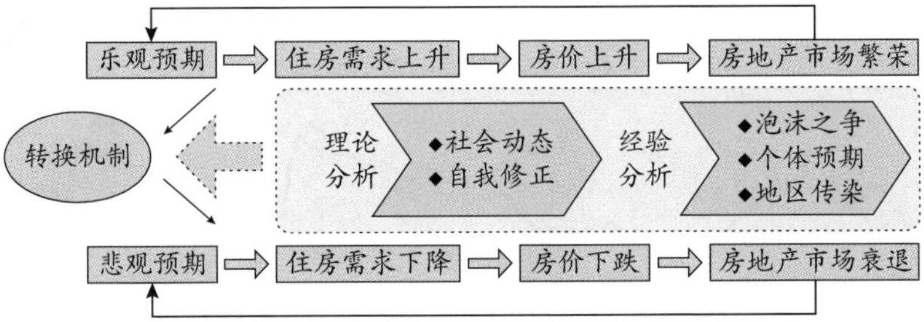

图3.1　预期影响房价的反馈机制

3.2　美国房地产实际价格变动与消费者预期的基本特征

为更加直观地了解美国房地产市场周期与其消费者预期的密切关系，本书将进行一系列的描述性统计分析。美国从20世纪90年代开始了长时间的房价增长，2001年之后更是经历了一个加速膨胀的过程，直至次贷危机爆发，最终导致房地产市场泡沫全面破灭。引起房地产市场泡沫的原因是什么？微观个体的预期与房地产周期是否存在一定的相关性？如果个体对未来房价有良好的预期，那么这种预期是否符合理性预期的假设？本书选用的实际房价数据是美国标准普尔凯斯 - 席勒房价（Case-Schiller Home Price Index，CS）指数(20个大中城市)数据。为与国内房价指数数据保持一致性，本书选用同比数据完成相关研究。消费者预期数据则选用美国密歇根消费者信心调查数据库（Michigan Consumer Sentiment Index，MSC）的调查数据。该调查数据库的数据相对丰富。为实现本书的研究目的，本书主要关注两个方面的问题："您认为现在是否是购房的好时机？为什么会这么认为？""您认为未来12个月房价将会如何变化？增加，保持不变，还是下降？" 因为实际关注到未来一年房价预期的数据是从2007年1月开始调查，而不能覆盖完整的美国房地产市场周期，所以在进行第一部分统计分析时我们用消费者对当前房价的认知作为其预期的替代，而在第二部分分析预期的异质性特征时利用第二个问题中所直接涉及的预期相关问题。为进一步明晰美国消费者的房价预期特点，根据数据的可获得性，我们直接对比了1983年1月至2015年1月之间的凯斯 - 席勒房价指数与消费者预期购房态度变动，见图3.2。

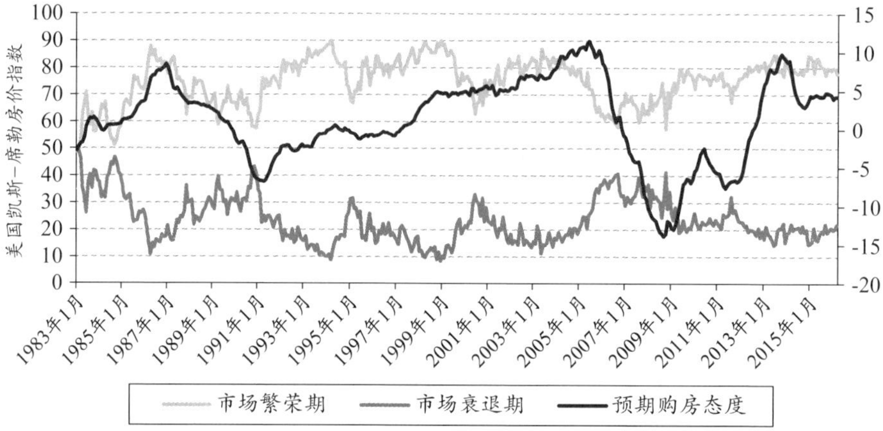

图3.2 美国凯斯－席勒房价指数与消费者预期购房态度变动图

资料来源：美国标准普尔CS房价指数(20个大中城市)和密歇根消费者信心调查库数据。

由图3.2可见，美国消费者对房价的预期持有较为乐观的态度，认为当前是购房好时机的比例相对较高，而认为当前并不是购房好时机的比例相对较低。整体而言，实际房价周期与消费者购房预期态度存在较强的相关性。从图中可以直观地看到，从2005年年底开始，美国房价转入到下行的趋势，并且一路暴跌从而引发了次贷危机及全球性的金融危机。而在房价出现拐点之前，美国消费者便提前感知了这一变化的到来。从2004年年底到2005年年中，消费者当中认为当前依然是很好的购房时机的比例开始下降，可见消费者对美国未来房价的预期开始出现不确定性。可能正是由于消费者这种担忧的情绪而引发了市场的恐慌，从而使得个体的预期成为次贷危机发生的导火索。为了进一步分析房价周期与消费者预期变化的特征，我们结合图3.2中的房价同比指数及实际房价对房地产市场周期进行划分。

从表3.1可知，通过对样本期进行划分，大致分为六个时期。整体而言，美国消费者在房价上升期相对于回落期要更加乐观，这与我们的常识判断也比较一致，再次证明消费者对美国房地产市场的价格有较好的预期能力。其中2005—2009年间，美国消费者的购房预期最为悲观，可见此次房地产市场泡沫的破灭确实给消费者带来了很大的打击。为了进一步分析房价周期与消费者预期态度之间的相关关系，本书将其中1991年7月至2005年11月经历的较长周期，分为1991年7月至2001年7月以及2001年8月至2005年11月两个上升期；而2005年12月至2011年11月之间，从2005年12月至2009年1月确实经历了一个快速下降的时期，但2009年2月至2011年11月初则是经历了一个低位调整期。

表3.1　美国消费者房价预期相关度调查

样本期划分	房价周期	买房好时机	买房坏时机	样本量观测值
1980 年 1 月至 1986 年 6 月	上升	68.59%	30.21%	34 463
1986 年 7 月至 1991 年 6 月	回落	70.72%	27.63%	31 578
1991 年 7 月至 2005 年 11 月	上升	80.16%	18.39%	61 536
2005 年 12 月至 2011 年 11 月	回落	65.06%	33.19%	18 319
2011 年 12 月至 2013 年 9 月	上升	77.07%	20.72%	27 801
2013 年 10 月	回落	76.06%	20.11%	7 932

资料来源：密歇根消费者信心调查库数据及笔者整理。

回到我们所关注的第一个问题。当消费者对当前是否为购房有利时机进行判断之后需要回答的问题是："您为什么会做出这样的判断？" 该答案是开放式的，消费者给出的答案也比较多元化(大致包含了53种不同的理由)。如："我认为当前购房是一个利好时机，因为当前房价很低 / 因为我认为未来房价会上涨 / 因为信贷条件比较宽松等"，相反不认为当前购房是好时机的消费者亦会给出自己不支持的理由。

3.3　中美两国消费者房价预期的特征事实比较

3.3.1　中美房价预期有偏性程度

预期对经济活动或政策制定的影响逐渐被国内学者所关注，但主要集中在通胀预期方面。王频等(2017)指出预期冲击对房价波动与经济波动都产生了一定的影响。为了直观看到消费者的购房预期与实际房价之间的相关关系，我们利用中国人民银行的储户调查数据和中国经济景气监测中心的数据进行相关研究。国内预期调查数据相对而言并不丰富，人民银行的相关调查时间周期稍长，但无法获得微观层面的信息。中国经济景气监测中心的数据相对详细且丰富，但我们所能获取的样本期很短。为了使结构更加合理，我们利用人民银行的相关调查数据研究实际房价与消费者预期的基本特征，利用中国经济景气监测中心的数据研究预期的异质性特征。人民银行关于未来房价是否会上涨的预期调查始于2009年第一季度，实际房价数据主要选取70个大中城市新建住宅价格指数。

房价波动及预期的有偏性很大程度上来自预期的异质性，只有当不同消费者持有不同的预期从而做出交易行为时，才会产生价格波动及预期变化。在考察房价预期的异质性特征时，考虑到数据的丰富性，采用美国的密歇根消费者信心调查数据库。该调查数据库从2007年1月开始，被调查者会直接给出“房价上涨”“不变”或者“下降”的判断，并且给出具体的变动数值。在预期的异质性程度方面，本书主要采用 Lamla 等(2012)所提供的方法对其进行度量。

为进一步证实在统计描述中所获得的结论，我们将利用改进的 t 检验来验证预期的实际值与预期值是否相等，即消费者对房价的预期是否存在明显的偏差。采用该方法进行相关检验可以有效回避两组数据方差不相等的情况。

从表3.2的相关数据可以看出，无论是中国消费者还是美国消费者，其实际房价与房价预期数据相等的原假设在不同的置信水平下被拒绝。可见中美两国消费者对未来房价的预期均存在明显的偏误，并不能对未来的房价做出准确的预期，这一结论与我们在前文描述性统计研究中所得到的结论一致。那么这种有偏性的预期是如何形成的？一个可能的解释就在于不同消费者之间存在明显的异质性预期，从而使得整体结论有偏。

表3.2　中美两国消费者房价预期误差的 t 统计

验证预期是否无偏	中国		美国	
	t 值	p 值	t 值	p 值
H0:(c)thp = = (c)ehp	2.024**	0.031 2	2.190**	0.029 8

注：*** 代表 1% 的置信度，** 代表 5% 的置信度，* 代表 10% 的置信度。

3.3.2　中美房价预期的异质性程度差异

对我国预期数据的异质性特征进行考察时，选取的房价预期数据来自中国经济景气监测中心与尼尔森公司联合进行并发布的《消费者信心调查报告》①，实际房地产价格数据是来自中国百城房价数据。我国房价预期调查数据的一个重要特点在于，所有调查数据都是定性回答，缺乏定量的统计。为了对房价预期数据进行更加深入的研究，本书将利用改进的卡尔森－帕金（Carlson-Parkin，CP）概率法进行相应转换，该方法充分考虑到消费者对房价涨跌的敏感性差异②。而在预期异质性程度的初步度量方面，方法同上。

从图3.3和图3.4中可以看出，中美两国消费者的房价预期具有明显的异质性特征，这一结论也有力地支撑了早期研究中所设定的预期为理性且一致性的假定并不符合现实情况。而这种异质性程度随着时间及房价的变化亦存在着明显的差异。美国消费者预期异质性程度较高的时期主要集中在2007—2008年左右，此时美国的房地产泡沫已经破灭，且正处金融危机，公众的预期出现极大差异，认为房价会反弹的消费者与悲观情绪者各持己见，分歧颇大。不同的是，我国消费者的房价预期异质性则主要存在于房价的低水平期间，这可

① 预期数据说明：该调查数据最早自 2009 年第四季度开始发布调查数据，2011 年 8 月开始调整调查问卷的结构，改为月度调查数据。调查问卷选取 12 个省市作为代表样本地区，采用电话调查方式对城乡消费者进行月度调查。月度样本总量在 2013 年 4 月之前为城镇样本 1 000 个，而农村样本为 500 个。2013 年 4 月之后总样本量为 3 400 个，而城镇 2 400 个，农村 1 000 个。本书选取的主要指标来自其问卷调查中关于房价预期的数据“您对未来 6 个月商品房价格的推断”。备选答案包括“上涨”“基本不变”“下降”以及“不知道”。

② 同①

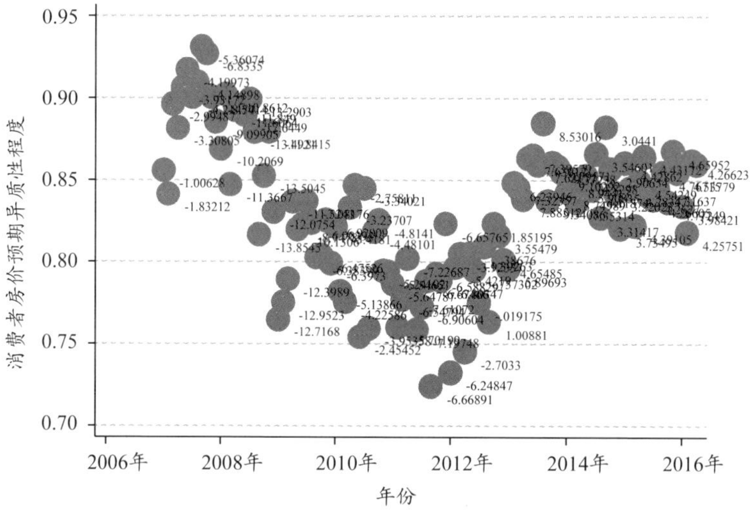

图3.3　2007年1月至2016年4月美国消费者房价预期异质性程度散点图

资料来源：凯斯-席勒房价指数数据和密歇根“消费者信心调查库数据”。

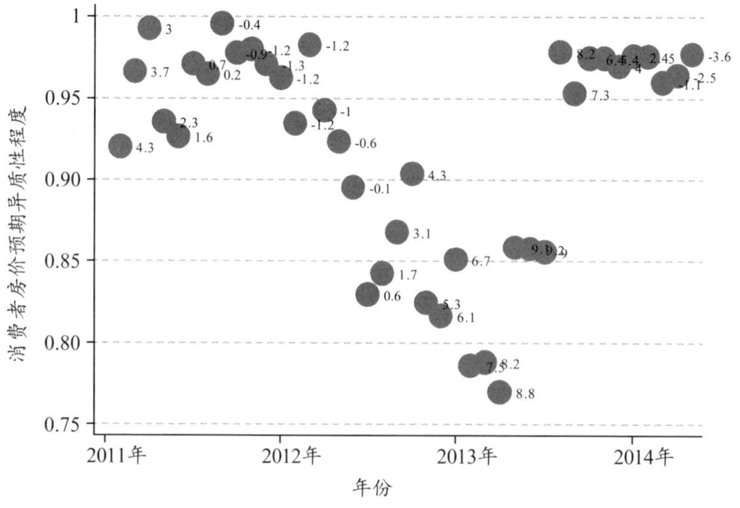

图3.4　2011年7月至2014年7月我国消费者房价预期异质性程度散点图

资料来源：百城房价指数和中国经济景气监测中心预期调查数据。

能更多地反映了我国的消费者大体上对房价持有乐观预期，因而在房价处于高水平时并无太多争议，但随着我国房价不断升高，当价格出现下调时，关于房地产泡沫是否会破灭的争议便越来越大。中美两国调查数据库中包含了对个体特征分类的调查，进一步分析中，我们想知道不同性别、年龄及地域的消费者对未来房价做出预期时是否存在显著差异，美国的消费者预期特征能否为中国的经济波动提供一定的借鉴。

在进行统计检验时，应当明确其原假设，即不同分类群体的预期误差相等。从表3.3的结论中可以看出，检验结果与描述性统计的结论基本一致。对于我国消费者而言，不同性别或地区的群体持有相同预期误差的原假设并没有被拒绝，即不同性别或地区的群体之间，其房价预期差异并不显著。而从年龄的划分来看，在20~30岁之间的消费者群体，其预期误差与其他年龄群体之间存在显著差异，并在1%的置信水平下拒绝原假设。在对美国消费者房价预期的异质性进行检验时则发现，不同性别、年龄及地区的消费者，其预期误差并不存在显著的差异，并不能拒绝原假设。由此可见，利用人口特征来解释消费者的异质性预期并不能起到很好的效果，在后续的研究中寻找更加合适的特征来解释房价预期的异质性特征十分必要。

表3.3　按不同人口特征分类的消费者房价预期误差 t 统计

中国			美国		
预期误差	t 值	p 值	预期误差	t 值	p 值
性别差异					
H0:cdexhpsex1 = cdexhpsex2	0.108	0.914	H0:dehpsex1 = = dehpsex2	−0.740 8	0.459
年龄差异					
H0: dexhpage1 = dexhpage2	-2.83^{***}	0.006	H0:dehpage1 = = dehpage2	−1.139 7	0.259
H0: dexhpage1 = dexhpage3	-4.27^{***}	0.001	H0:dehpage1 = = dehpage3	−1.345 7	0.181
H0: dexhpage1 = dexhpage4	-3.97^{***}	0.001	H0:dehpage1 = = dehpage4	−0.992 4	0.324
H0: dexhpage2 = dexhpage3	−1.302	0.197	H0:dehpage2 = = dehpage3	−0.185 4	0.851
H0: dexhpage2 = dexhpage4	−1.177	0.243	H0:dehpage2 = = dehpage4	0.166 1	0.868
H0: dexhpage3 = dexhpage4	0.040	0.968	H0:dehpage3 = = dehpage4	0.358 5	0.720

表3.3（续）

中国			美国		
预期误差	t 值	p 值	预期误差	t 值	p 值
地域差异					
H0:dexharea1 = dexhparea2	−0.691 6	0.492	H0:dehpregion1 = dehpregion2	−1.6383	0.101
H0:dexhparea1 = dexhparea3	−0.461 7	0.645 6	H0:dehpregion1 = dehpregion3	−0.796 7	0.467
H0:dexhparea2 = dexhparea3	0.269 9	0.788	H0:dehpregion2 = dehpregion3	0.820 5	0.413
H0:dexhparea1 = dexhparea4			H0:dehpregion1 = dehpregion4	0.084 7	0.933
H0: dexhparea2 = dexhparea4			H0:dehpregion2 = dehpregion4	1.588 6	0.114
H0: dexhparea3 = dexhparea4			H0:dehpregion3 = dehpregion4	0.814 9	0.421

注：*** 代表1% 置信度，** 代表5% 置信度，* 代表10% 置信度。

3.4 小　结

研究表明，不管是从理论层面还是经验论证层面进行分析，预期都对房价的波动提供了有力的解释。得出结论如下：第一，在经验分析层面，个体的房价预期特别是长期预期对2006年之前房地产市场的过度繁荣有很强的解释能力。邻近地区之间的相互传染效应为房价波动提供了很好的解释，房价的波动通常是因为非理性的行为及错误的预期在邻近区域内有显著的传染效应。第二，利用中国及美国的消费者调查数据库的房价预期数据进行分析时发现，两国消费者的房价预期都呈现出明显的有偏性及异质性特征。可见，政策的实施应该对预期的滞后性给予充分考虑，房价预期理性的假定可能存在一定的设定误差。在对房价预期数据的异质性检验时发现，国内年轻人预期异质性程度不高，其他分类群体之间的异质性则非常显著，这与我国特殊的国情有关，年轻人面临着结婚买房的压力，容易产生一致性预期。美国的房地产市场周期与消费者的房价预期存在密切关系，消费者的非理性预期极有可能是造成美国房地产市场次贷危机的重要原因之一。

第 4 章　媒体信息与有偏性房价预期形成

4.1　问题的提出

居民预期偏误的广泛存在是推动资产价格内生演化的重要因素，也是稳定预期的重要抓手，但预期偏误的根源并不清晰。

谁在左右公众的房价预期偏误呢？影响预期的因素众多，除了政策性因素及房价本身所带来的影响以外，媒体信息报道亦是主要原因之一。把报刊新闻作为获取信息来源，从而形成房价预期有一定的合理性。在新闻学研究中，不少研究者研究不同新闻媒体的房地产相关新闻报道，比较新闻媒体价值取向性，但极少有研究关注到相关报道对公众预期的影响。近年来，预期偏差形成机制成为研究者关注的前沿领域，而现有研究主要针对客观经济环境和主观信息处理能力两条路径展开。

预期形成的研究早期集中考察了 GDP 与物价等宏观经济变量对预期形成偏误的影响（Mankiw et al.，2003；Forsells et al.，2002），随后国内学者做了相似研究。如张健华等（2011）利用中国人民银行城镇储户问卷调查数据，采用时变参数法估算了1999—2011年国内的通货膨胀率，并对其影响因素进行了探讨，认为宏观经济因素对通胀预期的影响相对较大。张蓓（2009）相关研究亦表明，通胀预期有偏。公众对政策的信任程度成为研究预期形成机制新的视角（李新荣 等，2014）。微观层面考察个体的预期如何形成的文献相对丰富。不同人口结构特征可对预期的形成提供合理的解释，其对未来经济环境的预测通常存在差异和偏误。受教育程度相对较低或缺乏金融素养的群体通常会对未来的价格做出错误的预测，形成有偏误的预期（Blanchflower et al.，2009）。与个体的人口结构特征相比，个体的经济特征更能反映公众参与经济活动的情况，从而获得更直接的证据。人们家庭财务状况、风险厌恶程度等都会影响预期的形成（Zhong et al；肖争艳 等，2011；李涛 等，2014）。可见，预期偏误广泛存在，并且能够被个体特征和经济特征所解释。但仅从个体特征和经济特征又无法诠释公众预期的根源，开辟新的视角研究预期偏误势在必行。

媒体是投资者获取信息的重要渠道，有利于消除环节信息不对称，帮助投资者进行正确定价。若媒体报道无偏，个体信息处理能力强，通常会降低资本市场的信息不对称从而影响股票价格的波动(黄俊 等，2014)。媒体报道偏差或投资者产生认知偏差，都会影响投资者决策，最终影响股票价格(游家兴 等，2012；郦金梁 等，2018；Griffin et al.，2011；Huynh et al.，2017)。Walker (2014)通过构建模型研究了新闻媒体信息报道对房地产市场过度繁荣的关联性，发现两者之间存在显著的格兰杰英因果。Soo (2015)首次将媒体情绪进行量化并研究了美国次贷危机，发现媒体情绪指标能够提前一到两年预测危机的发生，并能够预测70%的房地产市场价格波动。在解释预期偏误理论时，黏性信息理论（Mankiw et al.，2002；Reis，2006)和噪声信息理论（Sims，2003；Woodford，2009；Machowiak et al.，2009)被广大学者所推崇和认可，预期之所以呈现出有偏性的特征，主要是因为理性预期理论忽视了“信息刚性”的问题。信息是有成本的，因而决策者无法通过收集完全的信息并进行最优的处理而对未来经济环境等进行完全理性的预测。Coibion 等(2015)结合信息黏性和噪声信息模型推导出新的理论模型对完全信息理性预期进行检验。结论显示，通胀预期并不符合完全信息理性预期的假设，而是显示一定有偏，具体而言，通胀预期符合信息黏性的特征。

综上所述，通过对国内外的相关文献进行梳理发现，现有文献从多层次验证了预期偏误的存在性，试图从信息不完全及学习型预期等理论出发寻找预期偏误的根源，但仍存在以下不足：首先，国内外文献印证预期偏误的广泛存在性，但房价预期形成机制的研究相对缺乏；其次，总结预期偏误存在的根本原因，信息黏性、信息刚性及学习理论都能够为预期偏误提供合理的解释，但缺乏统一的研究框架。

4.2　贝叶斯学习模型及假设

在研究信息如何影响公众预期机制时，大部分学者尝试利用“流行病模型”（Carrol，2003）、黏性信息模型（Mankiw et al.，2003）及信息刚性模型（Sims，2003；Mackowiak et al.，2009）来对信息影响预期形成机制进行相关研究。Pfajfar 等（2013）曾利用流行病模型研究了新闻与预期形成机制的相关关系。

为此，需要确定消费者是如何形成自身预期的。根据贝叶斯学习模型，消费者房价预期的最终形成包括了两个方面：其一，消费者所持有的固定信念带来的信息(房价的先验判断)；其二，通过不断学习，对新信息进行吸收处理。本章假定新信息的主要构成部分包括媒体信息。因为新闻媒体往往能够为消费者提供更加及时且更容易理解的相关信息。消费者对先验信息和新信息分别赋予一定的权重，从而形成最终的房价预期。

消费者 i 在每一期接收到总量为 v 的媒体信息 $I_{v,t}^{Media}$，媒体信息的传播有利于消费者不断更新对未来房价的认知从而形成房价预期。假定个体消费者获得的媒体信息是相同的，且媒体信息的传播是相对准确而无偏差的。则根据媒体信息形成的消费者预期如式（4.1）所示：

$$hp_{v,i,t+1} = I_{v,t}^{Media} - \varepsilon_{it},\ \varepsilon_{it} \sim N(\mu_{it}, b_{it}) \tag{4.1}$$

式中，$hp_{v,i,t+1}$ 表示消费者 i 在 t 时期，根据所获取的相同媒体信息形成的预期。消费者所获得的信息虽然是相同的，但个体之间是存在差异的。当同样面临房价上涨的相关信息时，部分消费者可能相对乐观，认为房价会继续上涨，而另外一些消费者则会保留自身的看法，持相对谨慎的态度。个体特征的差异由残差 ε_{it} 体现，服从均值为 μ_{it} 方差为 b_{it} 的正态分布。对相同的信息产生不同预期的原因是，不同消费者根据对媒体信息的处理或理解能力是存在差异。Acemoglu 等(2006)指出，当给定决策者的先验信息时，即使面对着相同信号集，最终亦不会存在一致的信息，因为消费者对信息的理解能力通常是存在差异的。

除了每一期所获得的媒体信息以外，消费者通常对房价的走势还持有一些固定的信念，即消费者的先验信息 $F_{i,t}$。假定先验信息服从均值为 $hp_{i,t}$（消费者根据实际房价所形成的预期均值)，方差为 a_{it} 的正态分布，即 $F_{i,t}\sim N(hp_{i,t}, a_{it})$。根据贝叶斯学习模型，后验均值应当为先验信息均值与新信息的加权。

给定房价预期的先验信念和媒体信息报道量后，消费者根据贝叶斯准则更新自身的信念，如式(4.2)所示：

$$k_i\left(hp^e_{i,t+1}\middle|I^{Media}_{v,t}\right)\propto\prod_{v=1}^{V}f_i\left(I^{Media}_{v,t}\middle|hp_{i,t}\right)h\left(hp_{i,t}\right) \tag{4.2}$$

式中，$k(.)$ 表示给定媒体报道量时所获得的后验密度函数，$h(.)$ 则是由实际房价表示的先验密度函数，$f(.)$ 则表示给定先验信息时获得媒体信息量的条件概率分布。正态分布的假定下，后验均值进一步表示成式(4.3)：

$$hp^e_{i,t+1}=\gamma_{i,t}hp_{i,t}+(1-\gamma_{i,t})(I^{Media}_{v,t}-\mu^{it}) \tag{4.3}$$

$$\gamma_{i,t}=\frac{\frac{1}{v}b_{it}}{a_{it}+\frac{1}{v}b_{it}} \tag{4.4}$$

从式(4.3)可以看出，消费者的预期形成应当包含先验信息及从新的信息中所提取的相关媒体信息。对两种信息进行加权平均获得最终的个体房价预期，权重为 $\gamma_{i,t}$。本章进一步界定权重由先验信息及媒体信息的方差共同组成，如式(4.4)所示。这一权重的形成与媒体信息报道量 v 存在一定的相关性，当媒体信息报道量越大时，消费者可能赋予先验信息更少的权重。

假定媒体信息的传递是准备无误而不存在偏差的，则根据媒体信息做出的预测判断是相对理性的，此时 $hp_{v,i,t+1}=hp_{t+1}$。hp_{t+1} 为 $t+1$ 期的实际值，预期偏差可由预期值与实际值的绝对偏差共同决定，如下式：

$$\left|hp_{i,t+1}^{e}-hp_{t}\right|=\left|\gamma_{i,t}hp_{i,t}+\left(1-\gamma_{i,t}\right)hp_{t+1}-hp_{t+1}\right|=\left|\gamma_{t}\left(hp_{i,t}-hp_{t+1}\right)\right| \tag{4.5}$$

则消费者预期偏差与媒体报道量相关关系如下式：

$$\frac{\partial\left|hp_{i,t+1}^{e}-hp_{t}\right|}{\partial v}=\left(\frac{\partial\gamma_{i,t}}{\partial v_{i,t}}\right)\times\left|hp_{i,t}-hp_{t+1}\right|<0 \tag{4.6}$$

由此，本章提出假设 1：

假设 1：如果新闻媒体的报道是不存在偏误的，报刊信息报道量越大，则消费者所能获取的信息量越大，消费者能做出相对准确的预测。

如果媒体信息的传播是存在偏误的，则消费者很难获得完全理性的预期。此时，媒体信息的传播对消费者的房价预期所产生的影响是两方面的：媒体信息量的不断增大会在一定程度上提高信息透明度，使得消费者能够获得更多信息形成自身的预期；同时，错误的信息传播会进一步扩大消费者的预期误差。因此，新闻报道量对消费者房价预期所产生的影响是相对模糊的。此时，消费者的预期偏差需要重新被改写，见式(4.7)：

$$|hp_{i,t+1}^{e}-hp_{t}|=|\gamma_{i,t}hp_{i,t}+(1-\gamma_{i,t})(hp_{t+1}+\varphi)-hp_{t+1}|=|(1-\gamma_{i,t})(hp_{i,t}-hp_{t+1})+\gamma_{i,t}\varphi| \tag{4.7}$$

代表媒体报道引起的预期偏差，进一步将消费者预期偏差对新闻报道量求导，得到下式：

$$\frac{\partial\left|hp_{i,t+1}^{e}-hp_{t}\right|}{\partial v}=\frac{\partial\gamma_{i,t}}{\partial v}\times\varphi-\frac{\partial\gamma_{i,t}}{\partial v}\times\left|hp_{i,t}-hp_{t+1}\right| \tag{4.8}$$

可见，此时媒体信息的偏差与媒体信息报道量的相关性确实无法做出判断。本章进一步提出假设 2：

假设 2：如果媒体信息的报道本身存在一定的偏差，则消费者的预期偏差会因为媒体情绪而放大，从而扩大有偏性预期。

4.3 房价预期的量化与媒体信息的获取

4.3.1 房价预期数据的量化

预期作为一种主观的心理活动，确实存在难以度量的问题。正是由于预期数据的获取存在一定的难度，从而使得预期形成机制等相关研究在长时间内并不丰富。现有文献对房地产市场预期的度量主要有三种：其一，对预期的形成机制进行技术假定而获取预期数据，如假定预期符合理性假定，则可利用下期的实际数据作为当期预期数据的替代；其二，通过构建一定的情绪指标用以反映公众的房价预期；其三，通过问卷调查直接询问被调查者对房价的预期，而直接获得微观层面的数据。前两种数据的获取都存在一定的问题，通过设定预期形式的方法获取的数据往往因假定过强而存在一定的不合理性，指标的构建亦存在是否完全的问题。Armantier 等(2015)通过相关实验验证了被调查者所给出的预期回复具有非常重要的指导意义，能够对其投资及消费活动产生直接且显著的影响。

近年来，国内外不少机构展开了对公众预期的调查，如密歇根大学主导的消费者信心调查(Survey of Consumer Expectation，SCE)，由美联储组织的专业预期数据库(Survey of Professional Forecasters，SPF)以及中国人民银行建立的全国城镇储蓄问卷调查。部分研究机构展开了对购房者预期的相应调查。世联行从2011年第二季度开始公布购房者信心指数，该机构采用调查研究的方法，在全国大中城市同步展开网络调查，主要包括深圳、广州、东莞、福州、上海、南京、苏州、杭州、合肥、北京、天津、武汉、长沙、郑州、济南、青岛、重庆、成都、西安、佛山、惠州、厦门、南昌、沈阳、大连等城市。克而瑞研究中心联合新浪乐居调研亦对购房者的预期进行了调查并公布了国内购房者信心指数。该数据为季度数据，每季度调查一次，每年1、4、7、10月的上旬进行调查。每个月持续测评当季度购房者的信心，季末汇总分析，并于下季度第一个月形成季度研究报告，在获得公众购房信心变化趋势的同时，通过长期宣传塑造具有行业高度的终身品牌。

本章将直接利用从中国经济景气监测中心所获得的微观调查数据对消费者预期进行衡量。消费者预期调查数据来自2011年8月到2014年6月中国经济景气监测中心与尼尔森公司联合进行并发布的《消费者信心调查报告》[①]，该调查的主要对象是针对一般消费者，询问其对未来经济活动的感知与预期。本章选取的体现公众预期的相关指标来自其问卷调查中关于房价预期的问题："您对未来6个月商品房价格的走势有何推断？"备选答案包括"上涨""基本不变""下降"以及"不知道"。调查问卷中还进一步对被调查者的性别、年龄及地域等进行了相关的记录。为进一步研究人口结构特征的异质性，本章对其年龄及地域相关数据进行简单的分析处理。将年龄归为20~30岁（age1）、31~40岁（age2）、41~50岁（age3）以及51~60岁（age4）四个阶段。按照所属省份将地区进行的分类[②]。从上面的问题可以看出，房价预期调查数据的一个重要特点在于，所有调查数据都是定性回答，缺乏定量统计。为了方便更加深入地研究，本章将利用改进的卡尔森 - 帕金概率法（C-P 概率法）将定性的回答转换为定量的数据[③]。

定性数据转换为定量数据的方法主要包括差额法、回归法和概率法。差额法相对比较粗糙，而回归法则要求有对过去房价看法的相关问题。综合考虑，本章采用概率法进行相关的转换，但是传统的概率法通常有包含过强的假定，如公众的房价预期必须服从正态分布，敏感区间对称以及在一定时期内恒定不变等假定。本章借鉴王雅炯（2012）改进的 C-P 概率法进行相关研究。

① 预期数据说明：该调查数据最早自2009年第四季度开始发布调查数据，2011年8月开始调整调查问卷的结构，改为月度调查数据。调查问卷选取12个省市作为样本地区代表，采用电话调查方式对城乡消费者进行月度调查。月度样本总量在2013年4月之前为城镇样本1 000个，而农村样本为500个。2013年4月之后总样本量为3 400个，而城镇2 400个，农村1 000个。

② 分别对统计局所调查的12个省市进行分类，分别为东部地区：北京、上海、广东、山东、浙江；中部地区：湖南、湖南、安徽、吉林；西部地区，甘肃、贵州、四川。

③ 定性数据到定量数据的具体的转换过程及方法参见张蓓（2009）。

假定消费者在做出自己预期判断时有一定的标准，当对房价的预期在以0为区间的（$-a, b$）之间变化时，则选择答案“认为未来6个月房价基本不变”，所占比例为 d；大于 b 则选择“上涨”，所占比例为 e；小于 $-a$ 则选择“下降”，所占比例为 f；（$-a, b$）则是敏感区间。则可表示为：

$$\begin{cases} \dfrac{\left(a_t - hp_t^e\right)}{\sigma_t} = F^{-1}\left(1-U_t\right) = z_{1t} \\ \dfrac{\left(a_t - hp_t^e\right)}{\sigma_t} = F^{-1}\left(D_t\right) = z_{2t} \\ \dfrac{-hp_t^e}{\sigma_t} = F^{-1}\left(D_t + \dfrac{C_t}{2}\right) = z_{3t} \end{cases} \tag{4.9}$$

由此得到的通胀预期为：

$$hp_t^e = \begin{cases} \dfrac{a_t z_{3t}}{\left(z_{3t} - z_{1t}\right)} \\ \dfrac{b_t z_{3t}}{\left(z_{3t} - z_{2t}\right)} \end{cases} \tag{4.10}$$

其中：

$$\begin{cases} a_t = \dfrac{\sum\limits_{t=1}^{T} hp_t}{\sum\limits_{t=1}^{T} \dfrac{z_{3t}}{\left(z_{3t} - z_{1t}\right)}} \\ b_t = \dfrac{\sum\limits_{t=1}^{T} hp_t}{\sum\limits_{t=1}^{T} \dfrac{z_{3t}}{\left(z_{3t} - z_{2t}\right)}} \end{cases}$$

$$hp_t^e = \begin{cases} \dfrac{z_{3t}}{\left(z_{3t} - z_{1t}\right)} \dfrac{\sum_{t=1}^{T} hp_t}{\sum_{t=1}^{T} \dfrac{z_{3t}}{\left(z_{3t} - z_{1t}\right)}} & z_{3t} \neq z_{1t} \\ \dfrac{z_{3t}}{\left(z_{3t} - z_{2t}\right)} \dfrac{\sum_{t=1}^{T} hp_t}{\sum_{t=1}^{T} \dfrac{z_{3t}}{\left(z_{3t} - z_{1t}\right)}} & z_{3t} = z_{1t} \end{cases} \tag{4.11}$$

进一步地，放松敏感区间恒定不变的假定，假设其随着时间而变化，则：

$$a_t = a_{t-1}e^{hp_{t-1}}，\ b_t = b_{t-1}e^{hp_{t-1}}\ ; \tag{4.12}$$

此时的预期应当是：

$$a_t = \begin{cases} \dfrac{a_{t-1}e^{hp_{t-1}}z_{3t}}{\left(z_{3t}-z_{1t}\right)} & z_{3t} \neq z_{1t} \\ \dfrac{a_{t-1}e^{hp_{t-1}}z_{3t}}{\left(z_{3t}-z_{1t}\right)} & z_{3t} = z_{1t} \end{cases} \tag{4.13}$$

通过对改进的概率法以及本章所采用的两种概率法进行比较发现，时变的概率法标准差最小，可见模型拟合度更高。定性数据到定量数据的转换需要实际房价变化数据作为支撑，由于所获取的预期数据是对未来半年内商品房价格的预期，因而在选取实际房价数据时，为保持一致性，选用百城房价的环比指数而不是实际价格做替代会更加合适。通过定性数据的转换，最终可得到房价预期的定量数据，表示为 hp_t^e，用百城房价中的月度环比数据处理成为6个月环比数据作为未来实际价格趋势的替代，表示为 hp_{t-1}[①]。通过散点图4.1可以看出，房价预期与其实际的价格变化有较高的相关性，通过计算可以得出其相关系数为0.802。为进一步理解及清晰地看出国内消费者的房价预期形成，本章将利用定量数据做出进一步的研究。

4.3.2　媒体信息的衡量

研究媒体信息对消费者房价预期异质性产生影响的重要前提是对媒体信息进行量化以进行相应的实证研究。与传统文献一致，本章首先选取报刊新闻对消费者传播的信息进行衡量。媒体信息的传播途径主要有电视广播、报纸以及互联网网络传播。相对而言，电视广播等新闻数据获取难度较大；网络新闻覆盖面虽然更加广泛，但信息的质量需要进一步甄别和筛选。之所以选择传统的纸质媒体作为信息传播的渠道，另外一个重要的原因在于，

① 6 月环比数据是根据月度环比数据处理得到，在每一期，利用未来连续 6 个月的环比数据连续相乘而获得未来 6 个月的实际价格发展趋势。

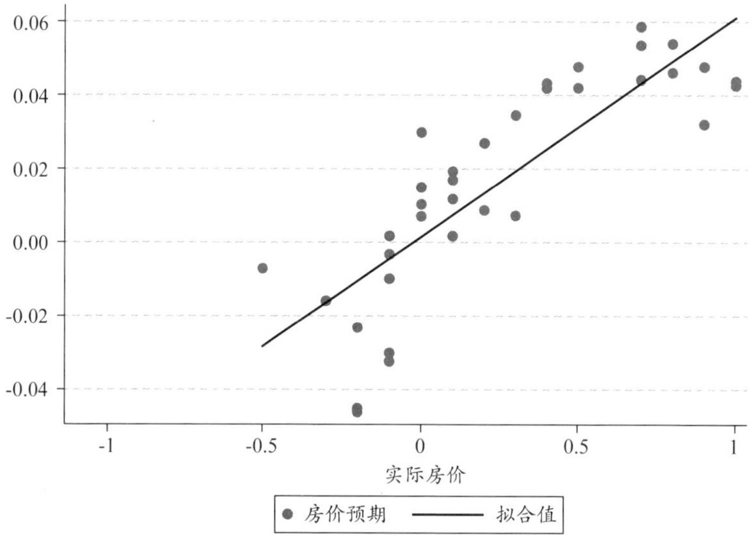

图4.1　百城房价6个月环比指数与房价预期数据散点图

资料来源：中国房地产指数研究院“百城价格指数”和国家统计局“消费者信心调查库数据”。

近年来的舆情报告显示公众对报刊新闻的信任度要更高一些。因此，本章主要选择权威报刊的新闻作为媒体信息的代理变量。

报刊新闻信息来自中国知网的“中国重要报纸全书数据库”，该数据库从2000年以来收录了近500多种重要报刊。针对本章所需要达到目标，本章将对该数据库中的报刊新闻做如下处理。首先：需要建立相应的报刊“新闻池”来进行相关研究，首先要对新闻报刊的种类进行筛选。该数据库中所包含的刊物过多，甚至包含市级刊物及其他专业性刊物，可能对消费者房价预期的影响力相对有限。本章以2015中国“百强报刊”为标准，选取了知网收录的影响力较大且对房地产市场相对关注的报刊，最终确定了12份报刊形成“新闻池”，这些报刊可以进一步划分为重要的党报及机关报①及偏向市场型的财经报纸②。

① 包括《人民日报》《光明日报》《经济日报》《新华每日电讯》《南方日报》《新华日报》《中国房地产报》等。

② 包括《第一财经日报》《21世纪经济报道》《经济观察报》《中国经营报》《经济参考报》。

进一步地，本章需要对“新闻池”中与房地产主体相关的新闻报道量进一步筛选。在获取新闻报道量时，首先通过主题搜索方式查找与房地产市场相关的新闻，并锁定样本量及分析范围，导出题名、关键词及摘要等相关信息，这一搜索方式相对较为全面而准确(游家兴 等，2012)。选取的主要关键词包括：房价、住房市场、房地产、楼市、房市、房产、住宅等。相关房地产政策亦会对消费者房价预期产生影响，之所以并没有将其列为关键词是相关报道大部分会包含在上述关键词范围之内。为了与预期调查数据保持一致，对报刊新闻进行搜索的样本期间亦固定在2011年8月至2014年6月之间。在样本期间一共导出6 000多条与房地产相关的新闻报道，进一步将其整理成为月度数据。

为了减轻数量级的干扰，本章将报刊媒体信息关注度定义为：

$$媒体报道量 = \ln(媒体报道量 + 1)$$

在进一步研究中，本章对报刊新闻具体内容进行性质分类：“乐观积极的正面引导、悲观消极的负面引导及无法判断的选项”。正面的媒体信息报道主要是，报道中提及房价上涨或调控政策将会放松等相关词汇。而负面的媒体信息报道则是，报道中指出房价将会下跌，库存过多或调控政策将加强等相关词汇，其他报道则归类为无法判断的相关报道。$I_{t,v,pos}^{Media}$ 表示正面报道率，而 $I_{t,v,neg}^{Media}$ 表示负面报道率，其量化方式如下：

$I_{t,v,pos}^{Media}$ = 每月正面报道量(房价上涨趋势或积极政策) / 当月与房价相关新闻的报道总量；

$I_{t,v,neg}^{Media}$ = 每月负面报道量(房价下行趋势或抑制房价上涨的调控政策) / 当月与房价相关新闻的报道总量。

在房地产市场的不同时期，不同性质的新闻报道率是存在显著差异的。在房地产市场相对繁荣时期，正面新闻的报道率会更加丰富，而在房地产市场相对衰退的时期，负面新闻的报道率会更加丰富。在对报刊新闻的性质进行区分时，最有效的方式是通过文本分析技术对报刊新闻进行逐篇分析，但从知网中所导出的相关新闻报道皆为 PDF 格式，无法进行相应的文本分析。为了加强数据分析的准确性，本章主要通过人工阅读的方式对房价相关新闻的内容进行解读和分析。图4.2描绘了不同报道情绪与实际房地产价格变动的时间序列数据。由图4.2可见，正面情绪的报道与负面情绪的报道呈现出明显的负向关系。当房地产价格处于上涨的阶段，如2012年8月至2013年12月间，百城房价同比指数一直处于上涨阶段，正面情绪的报道量亦大于负面情绪的报道量，这一结论亦符合客观事实。

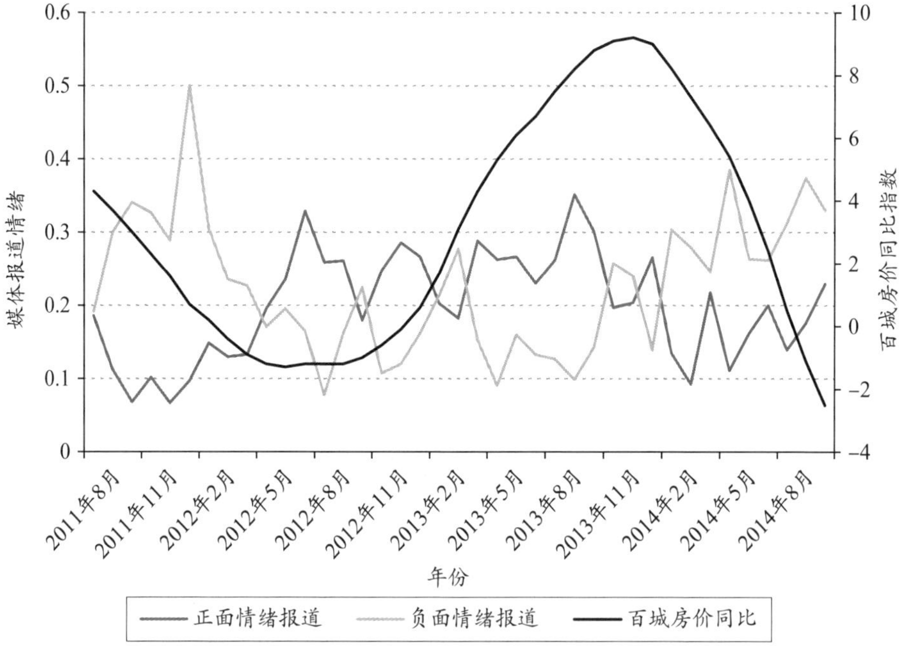

图4.2　新闻媒体报道情绪与百城房价同比

资料来源：国家统计局《消费者信心调查库数据》和报刊分类新闻原始数据分类整理，笔者计算获得。

4.3.3 相关数据的描述性统计

本章选取的实际房地产价格数据是来自中国百城房价的环比数据。之所以选择百城房价指数而不是全国房价数据或其他房价指数数据，主要是因为全国房价的月度数据并没有得到相关统计，部分学者利用月度的总销售额除总面积以获得月度房价。这种方法获得月度房价虽然具有一定的代表性，但数据相对粗糙且测度方法缺乏严谨性。

除了实际价格能够对消费者房地产市场的预期产生影响以外，价格本身的波动也会对消费者预期异质性产生影响，本章主要关注 hp_t（房价水平效应）及 $(\Delta hp_t)^2$（房价的非线性波动）及房地产市场流动性 $lnjyl_t$ 等对消费者预期偏差所产生的影响。表4.1中给出了部分变量的描述性统计结论，因仅房价存在单位根的问题，而对其进行处理无法衡量价格水平本身对预期异质性的影响，故而没有对其进行处理。

表4.1　模型主要变量的统计描述及单位根检验结果

变量	阐释	均值	方差	最大值	最小值	ADF 单位根
$I_{t,v}^{Media}$	全部的报刊新闻	4.88	0.20	4.39	5.19	I(0)
$I_{t,v,pos}^{Media}$	正面情绪报道	0.18	0.07	0.06	0.32	I(0)
$I_{t,v,neg}^{Media}$	负面情绪报道	0.20	0.09	0.08	0.41	I(0)
$Media_t^p$	党报及机关类报刊	4.20	0.21	3.74	4.56	I(0)
$Media_t^e$	经济类报刊	4.17	0.21	3.69	4.57	I(0)
$GAPhp_t^e$	房价预期的异质性	0.0178	0.009	0.043	0.005	I(0)
hp_t	百城房价	22.08	27.93	0.01	84.64	I(2)
$(\Delta hp_t)^2$	百城房价的波动	4.88	0.20	4.39	5.19	I(1)
$lnjyl_t$	房价交易量	11.92	0.273	12.26	10.95	I(0)

资料来源：国家统计局《消费者信心调查库数据》和报刊分类新闻原始数据分类整理，笔者计算获得。

4.4　模型设定

房价实际值与预期值之差所表示的预测偏误通常可以用来检验消费者的预期的基本性质。消费者预期是否为理性预期主要考察其三个特征：无偏性、有效性和预期偏差均值为0。有效性分为强有效性和弱有效性：若有效性是指预期偏差应当与实际的房价正交，强有效性是指预期偏差还应当与其他的宏观经济变量正交。Forsells 等(2002)建立了如下方程来检验消费者预期的强有效性：

$$GAPhp_t^e = \left| hp_{t,t+1}^e - hp_t \right| = \alpha + \beta \Omega_{t-4} + u_t$$

式中，Ω_{t-4} 表示与房价预期相关信息变量的集合。两种情况下 $\beta = 0$ 的原假设会被拒绝：其一，正确的信息在消费者对未来房价进行预期时并没有被考虑进去；其二，消费者所接收到的信息本身就存在偏误。消费者的房价预期除了能够受到媒体信息的影响外，还会受到实际价格、住房市场交易量等其他宏观经济变量的影响。因而可以建立相关方程：

$$GAPhp_t^e = f(media_{t-k}, thp_{t-k}, lnjyl_{t-k} \cdots) \tag{4.14}$$

根据式(4.13)，本章可建立相关的基准回归方程，以消费者预期偏差 $GAPhp_t^e$ 因变量，$media_{t-k}$ 为自变量设定线性回归方程，并依次加入 thp_{t-k}(实际价格)、$lnjyl_{t-k}$ 住房市场交易量等不同的控制变量。此时，需要考虑的问题是，调查问卷在进行时往往是在月中或月尾，如果仅取当月的媒体信息，可能存在信息遗漏的问题。是否选择当期信息作为解释变量存在一定争议，为加强模型的稳健性，本章将当期的信息加入回归之中，并试图同时考虑解释变量的各滞后期信息。如果将解释变量各期滞后加入很有可能面临着估计值过多，而样本量相对不足的问题，针对这一问题，本章将对因变量进行滞后，见式(4.15)。这样的变形存在两个目的：其一，可以节省估计值；其二，可以考察滞后期的信息对当期信息的黏性程度，即信息更新程度。

$$GAPhp_t^e = \alpha + \beta_1 GAP(GAPhp_{t-1}^e) + \rho I_{t,v}^{Media} + \gamma hp_t + \theta thp_{t-} + \mu lnjyl_t + \varepsilon_t \tag{4.15}$$

根据假设2，需要进一步考察不同媒体情绪对消费者房价预期有偏性的影响：

$$GAPhp_t^e = \alpha + \beta_1 GAP(GAPhp_{t-1}^e) + \rho I_{t,v}^{Media} + \beta_2 I_{t,v,pos}^{Media} + \beta_3 I_{t,v,neg}^{Media} + \gamma hp_t + \theta thp_t + \mu lnjyl_t + \varepsilon_t \tag{4.16}$$

因样本量相对有限，因此本章选择赤池信息准则(Akaike Information Criterion，AIC)来确定因变量的滞后期数。根据该准则，确定一期滞后为最有效的选择。由此，本章将获得一个动态方程来研究新闻媒体信息报道对公众房价预期的影响。当误差项不存在自相关时，可以利用普通最小二乘法(Ordinary Least

Squares，OLS）进行相关回归（陈强，2014）。通过纽维－韦斯特（Newey-West）检验异方差和自相关发现可排除类似的问题。一般情况下，OLS 回归相对于其他方法而言更加稳健，但可能存在内生性问题，这是需要注意的。内生性主要来源于三个方面：其一，影响预期的因素繁多，则会出现部分的遗漏变量并没有被控制，从而与解释变量相关；其二，测量误差，本章中所涉及的关键解释变量及其他控制变量，当然还包括被解释变量都可能存在类似问题；其三，互为因果的问题，如新闻媒体可能存在着迎合公众预期而报道相关新闻的动机。因此，除了利用 OLS 回归以外，本章亦将采用2SLS 及 GMM 等工具变量法来进行相关回归，使得回归结果更加稳健。工具变量主要选择解释变量新闻媒体披露的1~4 期滞后项。

4.5　媒体信息与有偏性房价预期的回归分析

4.5.1　新闻报道量及媒体情绪与预期有偏性

消费者的房价预期是否有偏是研究消费者预期形成机制的重要组成部分。在这一小结中，本章将对媒体信息如何影响预期偏差进行重点分析。对假定1进行检验，验证新闻媒体报道量及其他宏观经济变量是否对消费者预期有偏性产生显著的影响。由于报刊新闻报道与预期形成机制可能存在内生性问题，报刊新闻工作者可能会基于满足消费者的偏好来形成自己的报道内容，或其他的宏观经济因素共同影响消费者预期及报刊新闻的报道。

表4.2 中的 (1) 至 (2) 列的回归结果为 OLS 的回归结果，(3) 至 (5) 列则是对媒体情绪如何影响有偏性预期的回归结果进行相应的汇报，分别为 OLS、2SLS 和 GMM 的回归结果。(1) 列中没有对报刊新闻报道量进行控制，考察了房价走势及其价格波动等变量对消费者预期异质性的影响，(2) 列中则加入了新闻报刊报道量，考察对消费者预期异质性的影响。(3) 至 (5) 列则是同时控制了房价水平、价格波动及先验信息和新闻报道量。回归结果如表4.2 所示。

表4.2　式(4.16)的基本回归结果

变量名	媒体报道量		媒体情绪		
	(1)OLS	(2)OLS	(3)OLS	(4)2SLS	(5)GMM
$GAP(hp^{e}_{t-1})$	0.599*** (3.48)	0.549*** (2.94)	0.396** (2.44)	0.428* (1.94)	0.445* (1.68)
hp_t	−0.023** (−2.25)	−0.021** (−2.02)	−0.020 2** (−2.36)	−0.025 8** (−2.41)	−0.025 7*** (−4.09)
$(\Delta hp_t)^2$	0.018 7 (0.74)	0.014 7 (0.54)	0.014 4 (0.63)	0.042 5 (1.26)	0.042 7* (1.72)
$lnjyl_t$	−0.000 9 (−0.27)	−0.001 5 (−0.31)	0.005 77 (1.19)	0.003 44 (0.5)	0.002 99 (0.4)
$I^{Media}_{t,v}$	0.003 2 (0.47)	−0.002 85 (0.68)			
$I^{Media}_{t,v}\times I^{Media}_{t,v}$		0.00027 (0.37)			
$I^{Media}_{t,v,pos}$			0.0703** (2.62)	0.157* (1.65)	0.157** (2.27)
$I^{Media}_{t,v,neg}$			−0.010 8 (−0.47)	−0.108 (−1.35)	−0.109 (−1.55)
_cons	0.018 3 (0.32)	0.005 9 (0.09)	−0.043 6 (−0.75)	0.017 9 (0.21)	0.023 3 (0.24)
p−over				0.35	0.41
R-sq	0.763	0.77	0.781	0.810	0.814
N	36	35	35	31	31

注：* 表示10% 置信水平，** 表示5% 的置信水平，*** 表示1% 的置信水平，汇报标准误，*R-sq* 为拟合优度。

从表4.2的基本结果可以看出，无论是用哪种方法进行回归，存在基本一致的结论：新闻报道量对消费者预期偏差的影响并不显著，当对信息的非线性表达式进行控制时，回归结果依然没有改变，即媒体信心的波动对预期偏差不存在影响。对此有两种可能的分析：其一，消费者的预期本身就不受到媒体信息的影响；其二，消费者受到媒体信息获取的影响，但报刊信息报道可能并不是完全正确的，存在一定的偏误，否则消费者应当形成完全理性的预期。本章通过对不同的媒体情绪进行研究回答这一问题。

对不同的媒体情绪进行回答分析得出以下结论：正面情绪的报道对房价预期产生显著的正向影响，负面情绪的报道对房价预期产生负向影响，但这种影响并不显著。说明消费者面对不同的媒体情绪时对信息的吸收是存在差异的，这两种影响是不对称性的。可见我们最初设想的正确性，媒体信息报道确实能够对消费者的房价预期产生显著的影响，国内媒体信息的传播可能并不是完全准确的，存在一定的偏误，从而错误地影响了消费者。这说明消费者在形成自身房价预测时，新闻媒体信息是重要的信息来源。

另外一个重要的特点在于，以因变量的滞后期作为解释变量时，回归结果非常显著。可见我国消费者在形成自身房价预期时很大程度上都是根据之前的预期做出判断，从而存在极强的信息黏性。平均而言，预期偏差的滞后性大概在0.4~0.6之间，说明公众在对未来的房价进行预期判断时，只更新了将近一半的信息，存在较强的信息黏性，这一结论亦印证了 Mankiw 等(2003)、Reis (2006)等提出的信息黏性理论。

4.5.2　基于不同人口结构特征的预期有偏性研究

第三部分的描述性统计按照不同人口结构(区域、性别及年龄特征)进行分类，本章将进一步考察不同人口结构特征预期的有偏性。当被调查的微观个体具有不同的区域、性别及年龄时，其对未来房价进行预期判断时是否有偏误，这种偏误是否存在个体之间的差异等都需要进行相应的考察。为了使结果更加稳健，在对不同报刊进行分类回归时，主要报告工具变量回归的结果，即 GMM 的回归结果。表4.3 主要对不同性别、年龄和地域的消费者预期偏差进行考察。

根据本章所选取的样本区间得出的相应结论显示，不同年龄、性别及区域的消费者在对未来进行预期是存在一致结论的：不同人口结构特征的消费者对未来房价的预期是有偏误的，且这种偏误具有普遍的滞后性，即消费者习惯性犯错。相对于负面情绪而言，正面情绪更容易引起消费者的预期误差。

表4.3 媒体情绪与不同人口结构特征有偏性预期回归结果

变量	性别差异		区域差异			年龄差异			
	sex1	sex2	area1	area2	area3	age1	age2	age3	age4
$I^{Media}_{t,v,pos}$	0.199** (2.30)	0.114 (1.58)	0.276** (2.10)	0.157* (1.82)	0.0046 (0.05)	0.381* (1.74)	0.158* (1.93)	0.153 (1.22)	0.123* (2.64)
$^{Media}_{t,v,neg}$	−0.127 (−1.33)	−0.084 9 (−1.34)	−0.191* (−1.66)	−0.062 (−0.70)	−0.032 1 (−0.41)	−0.488 (−1.19)	−0.175 (−1.39)	−0.138 (−1.18)	−0.088 (−0.47)
hp_t	−0.025** (−2.30)	−0.022*** (−3.73)	−0.03** (−2.46)	−0.022** (−2.42)	−0.026*** (−2.62)	0.023 4 (1.14)	0.006 22 (0.51)	0.006 33 (0.49)	−0.015 2 (−0.75)
$(\Delta hp_t)^2$	0.045 1 (1.15)	0.032 2* (1.67)	0.055 9 (1.25)	0.022 8 (0.64)	0.043 2* (1.88)	−0.069 9 (−1.47)	−0.003 19 (−0.14)	−0.008 08 (−0.35)	0.018 4 （0.75）
$lnjyl_t$	0.005 6 (0.73)	0.002 4 (0.30)	0.004 9 (0.45)	0.008 1 (0.92)	−0.002 6 (−0.38)	−0.032 1* (−1.77)	−0.007 68 (−0.71)	5.27E−05 （0.01）	0.000 454 −(0.05)
$GAP(hp^e_{t\text{-}1})$	0.405* (1.7)	0.581*** (2.64)	0.48 (1.63)	0.263 (1.38)	0.450** (2.37)	0.503 (1.34)	0.598*** (3.21)	0.502** (2.5)	0.448** (2.42)
_cons	0.004 43 (0.04)	0.014 8 (0.15)	0.037 (0.26)	−0.043 7 (−0.39)	0.043 8 (0.58)	0.554* (1.93)	0.161 (1.13)	0.061 7 (0.47)	0.043 8 (0.40)
R-sq	0.722	0.761	0.734	0.718	0.812	0.763	0.732	0.715	0.810
N	31	31	31	31	31	31	31	31	31

注：* 表示10% 的置信水平，** 表示5% 的置信水平，*** 表示1% 的置信水平，汇报标准误，*R-sq* 为拟合优度。

从表4.3的回归结果可以初步看出，具有不同人口结构特征的消费者，预期有偏性的形成存在着较大的差异。具体而言，不同性别的消费者在面临不同性质的新闻报道时，其反应存在一定的差异。相比于女性而言，男性更容易受到正面情绪的影响而产生错误的房价预期。相对而言，女性则更容易受到先验信息的影响，即不愿意去积极更新自身的房价预期，预期偏差滞后性较为严重。就不同的地域差异而言，本章亦发现西部地区的消费者与其他地区的消费者在预期形成机制方面存在明显的差异。西部地区的消费者受预期偏差的影响较大，而且预期误差存在较强的滞后性。可能的原因在于，相比于中东部地区的相对活跃的房地产市场，西部地区的信息滞后性比较强，从而形成较强的滞后偏差。而东部地区的消费者因为时时面对着房地产市场瞬息万变的信息，对媒体信息的吸收更加及时，判断可能更加准确。对于不同年龄的消费者而言，预期偏误程度及对媒体信息包括其他宏观经济变量的吸收都存在一定的差异，但这种差异并不明显。

4.6　不同报刊分类的稳健性检验

为了进一步检验媒体信息报道对公众预期形成的影响，本章将对原始的报刊数据重新进行整理，进行相应的稳健性检验。考虑不同报刊分类所披露的媒体信息对公众预期影响的差异性，考察媒体信息报道的影响是否稳健。本章所选取的12份媒体报刊中，其中7份属于党报及机关报，5份是偏向市场型的财经报纸。

国内报刊种类繁多，分类方法亦多种多样，不同的报刊的受众及定位会存在一定的差异。如《人民日报》《光明日报》所报道的相关新闻公信力更强，对政策的传达及房地产市场信息的表述等更加准确务实。而《21世纪经济报道》等商业化运作的报刊则更加以经济利益为导向，在新闻报道时，其标题及内容往往更能吸引眼球且更具有煽动性。如第四部分所述，本章将所收集的报刊进一步分类为党报及机关类报刊和商业财经型报刊，以考察消费者面临不同报刊分类时，其所吸收的信息及形成的有偏性预期是否存在显著的差异。表4.4的左边 (1)OLS 至 (1)GMM 汇报的是商业型报刊的相关回归结果、右边 (2)OLS 至 (2)GMM 汇报的是机关类报刊的相应回归结果。

从回归结果来看，消费者房价预期有偏。无论是财经类报刊还是党报等机关类报刊对消费者预期形成都具有影响。媒体信息报道并不是完全正确的，而是存在一定的偏误，即不恰当的媒体情绪往往会引导公众产生有偏性预期。不同报刊分类的信息报道对公众有偏性预期的影响并不是一致的。相对而言，党报及机关类报刊相对准确，因而对有偏性预期的影响相对小一点。商业类报刊对有偏性预期的影响则相对不明显，说明其报道的准确性有待提高。

表4.4　不同报刊的基本回归结果

变量	(1)OLS	(1)2SLS	(1)GMM	(2)OLS	(2)2SLS	(2)GMM
$GAP(hp^e_{t-1})$	0.562*** (3.36)	0.547*** (3.42)	0.510*** (2.96)	0.50*** (3.01)	0.406** (2.140)	0.47*** (2.940)
hp_t	−0.027*** (−2.97)	−0.008 9 (−0.97)	−0.008 (−1.19)	−0.019 8* (−2.01)	−0.012 9 (−1.34)	−0.014 (−1.43)
$(\Delta hp_t)^2$	0.015 3 (0.63)	0.003 7 (0.18)	0.005 8 (0.70)	0.015 9 (0.57)	0.010 1 (0.41)	0.005 6 (0.270)
$lnjyl_t$	−0.018 7* (−2.05)	−0.012 9 (−1.64)	−0.014** (−2.19)	−0.006 7 (−1.31)	−0.011 2* (−1.78)	−0.009 (−1.52)
$I^{Media}_{t,v,pos}$	0.043** (2.21)	0.051 7* (1.73)	0.052** (2.53)	0.052 8* (1.80)	0.128* (1.68)	0.059 3* (1.82)
$I^{Media}_{t,v,neg}$	−0.038 (−1.73)	−0.003 9 (−0.14)	−0.002 3 (−0.11)	−0.036 8 (−1.19)	−0.081 8 (−1.10)	−0.029 (−0.71)
_cons	0.246** (2.15)	0.171* (1.72)	0.190** (2.29)	0.104 (1.61)	0.181* (1.960)	0.144* (1.670)
R-sq	0.822	0.792	0.802	0.783	0.768	0.781
N	28	26	26	30	29	29

注：* 表示10% 置信水平，** 表示5% 的置信水平，*** 表示1% 的置信水平，汇报标准误，*R-sq* 为拟合优度。

4.7 小　结

公众预期的形成机制应当先对预期是否为理性预期进行考察。本章结合报刊信息考察国内房地产市场预期的形成机制，并着重考察消费者的房价预期是否有偏。在数据上，利用来自中国经济景气监测中心的问卷数据，选取了关于房地产市场信息的微观调查数据，对消费者房地产市场预期异质性进行衡量；同时，将手工收集和整理的新闻报刊等数据，作为信息的代理变量。

首先，通过利用微观调查数据进行相应的实证研究，本章得出国内消费者持有的房价预期有偏的结论。其中报刊性新闻的广泛报道对这种预期偏误有一定的解释能力，间接证明了国内报刊的相关报道有失偏颇，并不能完全正确地反映房价相关信息。其次，不同媒体情绪对消费者的预期偏差影响是存在差异的，相对而言正面情绪对消费者有偏性预期会产生更大的影响。最后，不同人口结构和不同报刊分类的稳健性检验进一步验证了消费者预期有偏性的特征。

第5章　媒体信息与异质性房价预期形成

5.1　问题的提出

预期非常重要，对经济行为具有显著影响，但预期的形成机制一直是个难题（Manski，2004；钟春平等，2015），本章力图从信息获取层面对这一难题做部分尝试。预期异质性是预期的基本特征，但预期为何呈现有异质性并没有清晰一致的结论。从重要性看，无论在市场层面还是政策层面，公众预期都成为十分重要的因素且受到相当程度上的重视。如2015年中央经济工作会议就指出“要更加注重满足人民群众需要，更加注重市场和消费心理分析，更加注重引导社会预期”。但实际上，无论是决策层还是学术界，对预期皆知之甚少，对预期的形成机制特别是预期异质性的来源更不清晰（Coibion et al.，2015）。

影响预期及其异质性的因素众多，对预期异质性形成的根源需要进一步思考。从公众所面临的不同的宏观经济环境（Mankiw et al.，2003），到有差异的政策指导等宏观层面，再到个体所具有的不同社会经济特征及人口统计特征等微观因素，这些都可能对异质性预期提供解释（Blanchflower，2009；肖争艳等，2004，2011）。但对信息的获取、吸收及不同的处理能力才是预期异质性形成的根源（Sims，2008）。信息的差异对预期异质性的影响在理论层面得到了研究，但在经验层面的研究却相对匮乏。本章力图对信息和预期加以刻画，寻找微观层面的证据。

信息与预期一样存在难以刻画的问题，需要寻找相应的代理变量进行相关的研究。所幸的是，随着社会的不断发展，报刊、电视及互联网等媒体成为传播信息的主要来源，而这种媒体信息可以加以刻画。相比于枯燥的指数数据及专业报告而言，利用新闻媒体的进一步解读，公众更容易理解房地产市场的运行状况，从而形成自身的房价预期。政策是否奏效与新闻媒体的传播也是分不开的：通常而言，政策制定者所面对的目标群体是相对宽泛的，与专业群体相比，一般受众感知政策、接收信息相对迟钝，因而需要通过媒体渠道进行进一步宣传与解读，才能获得相关信息（Berger et al.，2011）。本章在论文中对这种信息传播的量和内容加以区分，力图刻画信息的传播对预期产生的影响。

近年来，信息传播引起了经济学的关注，特别是媒体信息的传播与微观定价的相关研究，这类研究以“沉默的螺旋”为代表（Fang et al.，2009；游家兴等，2012）。该假说首次由诺依曼提出，并在1980年被进一步完善。其核心含义是，在面临有争议的问题时，由于害怕自己的态度和信念被孤立，人们不太愿意大声地表达自己的观念。当自己的意见被多数人所接受时，会更加大胆地表达，而当自己的意见处于劣势的时候则会保持沉默。这会形成一种“一方越来越大声疾呼，而另一方则越来越沉默下去的螺旋式过程”。这就形成了系统性的偏离。在资本市场上，如果在媒体情绪的不断推动下形成单一的“意见环境”，有可能影响投资者的决策并最终影响资产价格。这种假说与经济学中的“羊群效应”和凯恩斯的“选美竞赛”具有一定的类似性。“羊群效应”指出，当决策主体面临决策，信息并不是完全透明时，最先做出决策的群体通常成为引路人，使得其他决策者模仿最初决策者的行为。

“沉默的螺旋”假设亦忽视了一些问题：首先，新闻情绪的渲染能否让大众产生一致的意见。在现实中，必然存在一些不同的看法，或并没有意识到属于少数或劣势群体，这样预期有可能形成差异。其次，随着网络等新闻媒体的不断发展，表达自身观点的匿名性特征越发凸显，因而在预期形成过程中并不一定会有单一的“意见环境”。最后，不同的媒体在传播中可能对大众的影响不一，有可能的是，正面情绪与负面情绪二者的传播对大众的影响未必一致。这样“沉默的螺旋”可能是不对称的。本章对这类问题进行研究，以期获得有意思的结论。

本章选择房地产作为研究对象，主要的原因在于，房地产市场是十分重要的资产市场，兼具消费及投资的双重属性。中国的房地产市场也引起了各方高度关注，同时，房地产也提供了多个层面的数据，因而也为预期及其形成机制提供了一个很好的研究样本。对房价及预期本身的研究也具有重要的政策含义。对房价预期异质性的来源进行更加细致的研究，有可能对房地产市场的波动提供解释，从而为政策制定提供相应的支撑。Lamla 等（2012，2014）亦从新闻信息的角度就预期的异质性特征进行相关研究，但他们的研究仅集中于对通胀预期异质性的解释。

本章得到一些有意思的结论：第一，国内消费者的房价预期在短期内，具有显著的异质性特征，不同的消费者对房价的预期呈现出较大的差异；第二，媒体信息的传播，无论是报道量还是报道性质，都会对消费者房价预期的异质性产生一定的影响，信息量越大，则消费者预期异质性越小；第三，正面情绪和负面情绪二者的报道对消费者预期异质性会产生不同的影响，即存在显著的不对称性，其中，国内消费者对正面情绪的报道更加敏感；第四，不同性别、地域及年龄的消费者，在先验信息及对媒体信息的吸收上存在着差异，这部分导致了群体间的预期异质性。

5.2 预期异质性的重要性及源泉

传统经济学对预期进行研究时通常假设预期是同质的，但事实上不同决策者之间的预期存在一定的差异。如果不存在异质性，所有决策者都是同质且理性的，则不存在交易（Kirman，2010；Hommes，2006）。异质性预期理论得到了学者广泛的支持：Frankel 等（1990）等发现金融专业人士利用不同的预期策略对汇率进行预测；Mankiw 等（2003）等通过考察预期通胀率的异质性为预期异质性理论提供了很好的佐证。

通过对理论模型的构建，预期异质性特征被认为是对房地产市场价格内生波动(李仲飞 等，2015；Dieci et al.，2013)及房地产市场繁荣与衰退进行重新解读的重要前提之一(Bolt et al.，2013；Burnside et al.，2016)。疑问在于：谁在左右公众的房价预期？公众房价预期异质性的根源又是什么呢？公众预期因能够对宏观经济稳定及资产价格波动提供良好的解释能力，亦对宏观政策的有效性提供重要的指导而受到经济学者及政策层面的广泛关注。特别是在对房地产市场的繁荣与衰退进行解读时，公众预期的异质性更是不可或缺的前提条件之一。但对于预期形成机制特别是公众预期异质性特征的来源，并没有一致的结论。

预期形成理论经历了从最初的静态预期理论演变到近年来的有限理性预期理论，从预期的一致性到预期异质性的转变过程。对以往文献及最新进展的文献梳理中，本章发现预期呈现出整体有偏性及异质性的特征(钟春平 等，2015)。预期异质性近年来逐渐取代了理性一致的预期假设而成为宏观经济学构建模型的重要假设条件之一，能够为资产价格的波动及宏观经济周期的演变提供良好的解释(Xiong，2013)。“无交易”理论是预期异质性理论在近年来得到广泛认可及应用的基础理论之一，即当所有消费者的预期是理性的时候，市场上是不存在资产的交易的，从而不会产生价格的波动，这与本章所观测到的事实是不相符合的(Kirman，2010；Hommes，2006)。

预期异质性特征不仅得到了理论层面的认可，在经验层面亦得到了有效的印证。Mankiw 等(2003) 和 Carrol (2003) 等较早对预期通胀率的异质性提供了很好的佐证；Andrade 等(2013) 利用专家数据库对专业人士的预期形成进行了相应的研究，认为专家预测者的预期呈现出明显的有偏性及异质性，并且为噪声信息模型提供了数据支撑。Blanchflower 等(2009) 利用英国的预期数据从微观层面考察个体的通胀预期是如何形成的，他们认为微观个体所具有的不同人口结构特征能够提供更合理的解释，如受教育程度高的人在形成自身的预期时运用的是更加精致的模型，也可能是他们在收集信息能力方面更占优势。肖争艳等（2011）亦从消费者的人口结构特征及经济特征层面对预期异质性进行了解读。

公众预期异质性能够对资产价格的波动及经济周期的演化过程提供有力的解释。首先，公众预期异质性是价格内生性波动的主要来源（Mankiw et al.，2003；Mackowiak et al.，2009）。李仲飞等（2015）曾指出，在研究房价的动态演化机制时不应当忽视预期异质性的重要作用。Brock 等（1998）亦在异质性预期的角度之下重新解释了各国在1970—1997年间房价的波动过程。其次，公众预期异质性能够为资产价格泡沫的滋生和破灭提供良好的解释能力（Scheinkman et al.，2003；Woodford，2009；Burnside et al.，2016）。通常资产价格泡沫的不断滋生会导致市场的过度投机及疯狂交易的行为，这将会对资产市场带来毁灭性的打击，从而衍生为金融危机。而这一现象出现的主要原因则在于不同交易者之间所持有的异质性信念，从而导致了交易的发生，不断推动资产价格的上涨与下跌。Brock 等（1997，1998）指出异质性预期以及信念之间的相互转换往往会导致资产基础价值的局部不平稳以及资产价格的多重均衡，从而引起相应的泡沫及至最后的破灭。最后，公众预期的异质性也能够为经济周期的波动提供非经济层面因素的有力支撑（Lorenzoni，2009；Angeletos et al.，2013；Ilut et al.，2014）

对预期异质性的来源进行解释是解决预期形成机制的重要组成之一。一般而言，预期异质性的根源可以概括为以下三个方面：公众所使用的预测模型存在差异；公众所获取的信息集存在一定差异；即便面临相似的信息集，公众对信息处理及学习能力存在显著的差异。Branch（2004）利用密歇根数据库进行检验，认为公众是依靠不同的模型及不同的信息集来形成预期的异质性的。Patton 等（2010）亦认为先验信息和模型的差异是异质性预期的主要来源。Carroll（2003）提出了在之后非常有名的流行病框架来研究预期的形成机制，认为预期的异质性主要是源于不同的数据集。Mankiw 等（2010）和 Sims（2010）等提出的最新信息预期理论表明，公众预期的形成主要基于对信息的收集以及对所获取的信息进行处理及消化，从而形成自身的预期。如果信息是完全的，公众便能够对未来的资产价格做出完全的判断，一旦信息不完整，则极有可能形成有偏的公众预期。但信息并不是完全免费的，信息是有成本的，公众往往受到时间和精力甚至金钱成本的约束从而形成异质性预期。Pfajfar 等（2013）则主要集中在研究公众学习能力及信息黏性等因素，并将这些因素作为公众之间预期异质性的根源。相对而言，在长期内考虑预期的异质性可能更多取决于其模型的设定，但短期内考虑信息的差异则更可能成为决策者异质性预期的主要来源（Patton et al.，2010）。

图 5.1 总结了消费者房价预期异质性的来源。

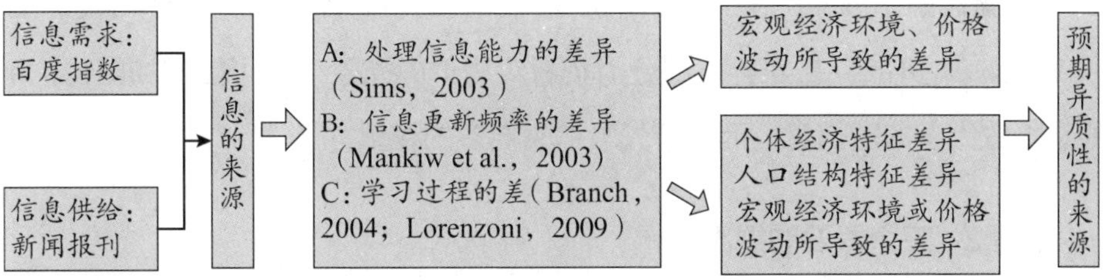

图5.1　消费者房价预期异质性的来源

5.3　理论模型介绍及假定提出

5.3.1　理论模型的介绍

本章依然选择借鉴 Lahiri 等（2008）和 Lamla 等（2012）的相关研究，利用贝叶斯学习模型进一步考察媒体信息如何影响房价异质性预期。

上一章简单介绍了消费者如何根据先验信息和媒体信息形成房价预期的过程。本章关注房价预期异质性程度，而不是房价预期本身。为了获得媒体信息与异质性预期之间的相关关系，需要进一步对上一章的式（4.3）进行方差处理，从而得到预期异质性程度的表达式：

$$Var(hp^e_{i,t+1}) = Var(\gamma_{i,t}hp_{i,t}) + Var[(1-\gamma_{i,t})(I^{Media}_{v,t}-\mu_{it})] + 2Cov[\gamma_{i,t}hp_{i,t},(1-\gamma_{i,t})(I^{Media}_{v,t}-\mu_{it})] \tag{5.1}$$

本章进一步假定 $hp_{i,t}$, $\gamma_{i,t}$, μ_{it} 在任何时间内都是相互独立的，则可以将式(5.1)进一步简化，得到式(5.2)[①]：

$$Var(hp^e_{i,t+1}) = Var(hp_{i,t})\left(Var(\gamma_{i,t}) + {\gamma_{i,t}}^2\right) + Var(\mu_{i,t})\left(Var(\gamma_{i,t}) + (1-\gamma_{i,t})^2\right) + Var(\gamma_{i,t})\left(I^{Media}_{v,t} - \mu_{i,t} - hp_{i,t}\right) \tag{5.2}$$

从式(5.2)中可以看出，影响异质性预期的因素主要包括：

(1)先验信息的差异 $Var(hp_{i,t})$。每个消费者对未来房价走势的先验判断本身是存在差异的，从而会产生先验性的异质性预期。

(2)对媒体信息吸收或处理形成的差异 $Var(\mu_{i,t})$。不同的消费者对新信息的吸收和处理通常也会存在一定的差异，使预期呈现出明显的异质性。

(3)信息赋予权重的差异 $Var(\gamma_{i,t})$。不同消费者对先验信息及媒体信息所赋予的权重 $\gamma_{i,t}$ 可能存在差异。部分消费者对房价的先验判断可能更加固化，不愿意接收太多的新信息，而赋予先验信息更多的权重。

5.3.2 三个假设的提出

式(5.2)分解获得的预期异质性来源是从信息视角出发的一般异质性来源。为重点考察媒体信息对预期异质性的影响，本章对式(5.2)进一步简化。需要做出一定的假设：首先，假定不同消费者对信息赋予的权重无差异，即 $Var\left(\gamma(v)_{i,t}\right) = 0$；其次，不同消费者所面临的媒体信息是共同的，即每个消费者获得的媒体信息都是 $I^{Media}_{v,t}$；最后，消费者对共同信息的处理不存在差异，即 $Var(\mu_{i,t}) = 0$。此时，媒体信息对消费者预期所产生的影响主要通过媒体信息报道量的大小，即信息报道的程度来影响消费者异质性预期。通过对式(5.2)进一步简化，则可以得到消费者异质性预期的简单式：

$$Var(hp^e_{i,t+1}) = Var(hp_{i,t})\gamma(v)_{i,t}{}^2 \tag{5.3}$$

此时，消费者预期异质性程度与先验信息的异质性程度及权重有关。媒体信息对消费者预期异质性程度的影响主要通过权重 $\gamma(v)_{i,t}$ 间接体现。进一步，本

① 具体的解析步骤参见 Lahiri 等（2008）。

章通过公式的推导来考察消费者房价异质性预期与媒体信息报道量的相关关系：

$$\frac{\partial Var\left(hp_{i,t+1}^{e}\right)}{\partial v}=\frac{(\partial Var\left(hp_{i,t+1}^{e}\right)}{\partial\gamma\left(v\right)_{i,t})}\times\left(\frac{\partial\gamma\left(v\right)_{i,t}}{\partial v}\right)<0 \tag{5.4}$$

根据式(5.4)，当媒体信息报道量增加时，消费者对先验信息所赋予的权重逐渐减小，而对媒体信息所赋予的权重逐渐增加。而根据式(5.2)，当先验信息权重不断减少时，消费者预期异质性程度是不断减少的，由此本章可以提出研究假定1：

假定1：假定媒体信息的报道无偏差，则媒体信息报道量越大时，即信息透明度越高时，消费者房价预期的异质性程度越低。

当面对共同信息时，消费者的理解和吸收能力不存在差异这一假定并不符合现实。因此，本章将放松第三个假定，消费者在同一信息的理解上是有差异的，即 $Var(\mu_{i,t})\neq 0$。但消费者对媒体信息理解差异程度与媒体信息的报道量是存在关系的。可能的是，当媒体信息更加关注正面情绪或负面情绪时，消费者对相应的信息认同度较高，从而对媒体信息的解读异质性程度较低，此时会降低消费者预期异质性，反之亦然。当然，消费者对不同的媒体情绪可能有着不同的关注度，从而导致其信息解读上的异质性程度不同，对预期异质性的影响也存在差异。本章提出相应的假定2：

假定2：当将新闻媒体报道按照其性质，区分为正面报道 $I_{t,v,pos}^{Media}$ 和负面报道时 $I_{t,v,neg}^{Media}$，不同性质的媒体信息报道对异质性影响存在差异性，影响不对称，即

$$\frac{\partial Var\left(hp_{i,t+1}\right)}{\partial I_{t,v,pos}^{Media}}\neq\frac{\partial Var\left(hp_{i,t+1}\right)}{\partial I_{t,v,neg}^{Media}}$$

人口结构特征的预期差异可能更多地来源于对相同信息的不同吸收和处理。对异质性预期进行诠释及相关研究，早期更多集中于人口结构特征的研究，具有不同性别、年龄及教育程度的个体往往会形成异质性预期，但产生这种差异的根源却很少得到充分的解释，从信息层面对其异质性预期进行解读能

够提供更加本源的解释。本章进一步提出假定3：

假定3：新闻报道量及报道性质能够对人口结构上的异质性预期提供解释能力，即不同年龄、性别及地域的个体由于对媒体信息的吸收及处理能力存在差异，通常会形成异质性预期。

5.4 模型设定及数据处理

5.4.1 模型的设定

根据理论分析及相应假定的提出，可以初步建立新闻媒体信息与房价预期异质性之间的关系，本章试图验证新闻媒体的信息报道确实是公众形成房价预期异质性的主要来源之一。如5.3章节所述，公众的房价预期除了受到媒体信息的影响之外，还会受到实际价格水平、房价的波动及其他宏观经济变量等因素的影响，这些因素都能够对公众预期异质性提供相应的解释。

$$Var(hp_t^e) = f(I_{t,v}^{Media}, hp_{t\text{-}k}, \Delta hp_{t\text{-}k}, \Delta hp_{t\text{-}k}^2 \ldots) \tag{5.5}$$

根据式(5.5)，本章可建立相关的基准回归方程，以 $Var(lnhp_t^e)$ 为因变量，$I_{t,v}^{Media}$ 为自变量设定线性回归方程，并依次加入不同的控制变量 $hp_{t\text{-}k}$，$\Delta hp_{t\text{-}k}$，$\Delta hp_{t\text{-}k}^2$ 等。此时，需要考虑的问题是，调查问卷在进行时往往是在月中或月尾，如果仅取当月的媒体信息，可能存在信息遗漏的问题。是否选择当期信息作为解释变量存在一定争议，为保险起见，本章将当期的信息加入回归之中，并试图同时考虑解释变量的各滞后期信息。如果将解释变量各期滞后项加入回归模型后很有可能面临着估计值过多而样本量相对不足的问题。针对这一问题，本章将对因变量进行滞后，见式(5.6)。而这也正好与5.3章节的理论模型相契合，即将因变量的滞后项作为先验信息考虑其对公众预期异质性产生的影响。

$$Var(hp_t^e) = \alpha + \beta_1 Var(lnhp_{t\text{-}1}^e) + \rho I_{t,v}^{Media} + \gamma hp_t + \delta \Delta hp_t + \theta (\Delta hp_t)^2 + \varepsilon_t \tag{5.6}$$

如5.3章节的理论模型介绍中所提出的假定2，即除了考虑新闻媒体报道的总量对预期异质性的影响外，还应当考虑不同新闻报道性质对消费者房价预期异质性的影响，而正面情绪和负面情绪二者的报道对消费者预期异质性的影响是否具有对称性是需要考虑的问题。

$$Var\left(hp_t^e\right)=\alpha+\beta_1 Var\left(hp_{t-1}^e\right)+\rho I_{t,v}^{Media}+\beta_2 I_{t,v,pos}^{Media}+\beta_3 I_{t,v,neg}^{Media}+\gamma hp_t$$
$$+\delta\Delta hp_t+\theta\left(\Delta hp_t\right)^2+\varepsilon_t \tag{5.7}$$

与第3章一致，因消费者预期与新闻媒体报道之间存在明显的正反馈效应。因此，除了利用 OLS 回归以外，本章亦将采用2SLS 法以及 GMM 两种工具变量法来进行相关的回归。工具变量主要选择解释变量新闻媒体报道量的1~4期滞后项。

5.4.2　预期异质性的衡量及相关数据处理

1．预期异质性的度量

预期调查数据为《消费者信心调查数据库数据》(第3章有详细的介绍)。在获取了预期调查数据之后，需要进一步对预期异质性进行衡量。具体的度量预期异质性程度的方法，包括多种不同的度量方法(Mokinski et al.，2015)。相比于其他衡量预期异质性的方法而言，针对短期的异质性预期的量化，则异质指数(Index of Qualitative Variation，IQV)较为可靠。与一般文献保持一致，本章首先选择 IQV 方法来对国内消费者预期异质性进行衡量。

$$IQV\left(X\right)=\frac{K}{K-1}\times\left(1-\sum_{I=1}^{K}p\left(s_i\right)^2\right) \tag{5.8}$$

式中，K 是指消费者问卷调查中所给出相关问题回答的种类，本章中主要是:“上升”“不变”“下降”。p_{xi} 则是第 s_i 种回答中，每种回答所占所有被调查者的比例份额。显然，从上式中可以得到 $0<Q(X)<1$。本章可以获得预期的异质性指标。Gibbs 等(1974)最早对 IQV 方法衡量预期异质性进行了相关介绍，之后有众多文献开始利用这一方法来衡量预期异质性(Lamla et al.，2012)。图5.2至图5.4是对不同性别、地域及年龄进行划分之后分别计算的预期异质性在样本期间的基本走势。

图5.2　不同性别的消费者预期差异性

资料来源：笔者分类整理百城房价指数和国家统计局“消费者信心调查库数据”原始数据，并计算获得。

图5.3　不同地域的消费者预期差异性

资料来源：笔者分类整理百城房价指数和国家统计局“消费者信心调查库数据”原始数据，并计算获得。

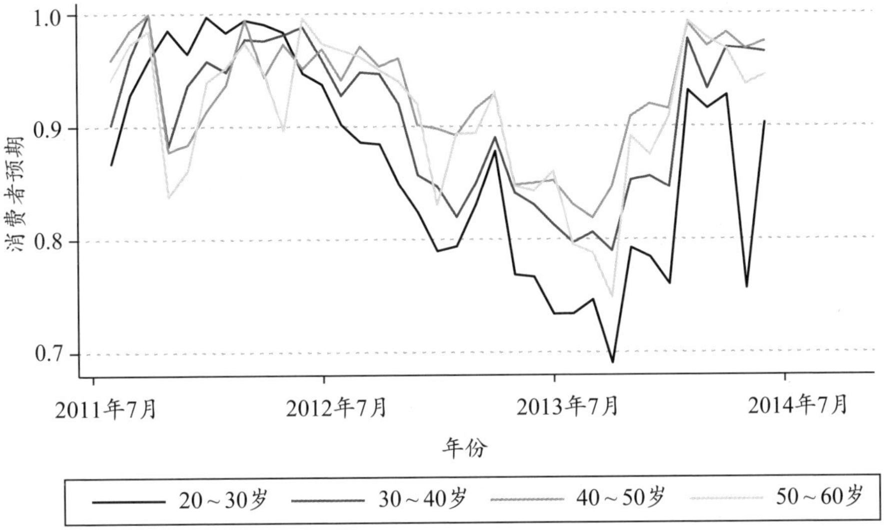

图5.4　不同年龄的消费者预期差异性

资料来源：笔者分类整理百城房价指数和国家统计局“消费者信心调查库数据”原始数据，并计算获得。

图5.2至图5.4中不同的线分别表示不同性别、区域及年龄的群体的预期异质性随时间变化的趋势。由图可知，同一分类群体的消费者之间存在较为明显的异质性，且这种预期异质性随着时间的变化出现较大的波动。而不同分类群体之间的预期异质性也存在一定的差异。相对于不同性别而言，不同年龄和地域的消费者在预期异质性上的差异要更加明显。相对于中西部地区而言，东部地区消费者预期异质性的程度会更小一些。而相对于其他年龄段的人而言，更年轻的群体(20~30岁)与其他年龄群体相比异质性程度要更小一些。当然，简单的描述性统计并不能为本章的结论提供强有力的支撑，进一步利用微观调查数据进行经验分析则十分必要。

消费者往往能够从与房地产市场相关的新闻中捕捉到相应的信息，从而形成自身对房地产市场的预期。当与房地产市场相关的媒体信息关注度越高时，则说明新闻报道量越大，消费者所获得信息更加丰富。此时，信息透明度相对较高，因而消费者在对未来房价进行预期时，其差异性会相对较小。新闻媒体的报道并不是完全无偏差的，不同性质的媒体报道可能会对消费者预期形成有差异的影响。图5.5描绘了媒体信息关注度与国内消费者房价预期异质性程度的时间序列数据。从图5.5中可以看到，国内消费者异质性预期与新闻媒体报道量存在一定的相关性，且这种相关性更可能是负向相关。

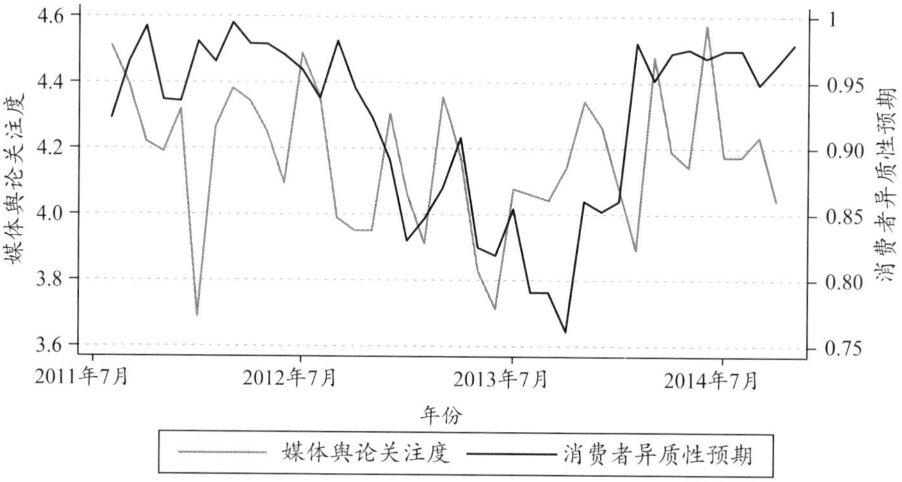

图5.5 国内消费者异质性预期与新闻媒体报道量

资料来源：笔者分类整理国家统计局《消费者信心调查库数据》和报刊分类新闻原始数据，并计算获得。

2．相关数据的描述性统计

实际房地产价格数据来自中国百城房价的同比数据。之所以选择百城房价指数而不是全国房价数据或其他房价指数数据，主要是因为全国房价的月度数据并没有得到相关统计。除了实际价格能够对消费者房地产市场的异质性预期产生影响以外，价格本身的波动也会对消费者预期异质性产生影响。本章主要关注房价的线性波动（dhp_t）及非线性波动 $(\Delta hp_t)^2$ 等对消费者预期异质性程度所产生的影响。除此之外，先验信息亦会影响消费者预期的异质性，本章直接利用异质性预期的滞后项 $Var(hp_{t-1}^e)$ 作为先验信息的替代。

表5.1列出了部分变量的描述性统计及扩展的单位根检验（Augmented Dickey-Fuller，ADF），结论显示，不同变量并不具有一致的平稳性。依据以

上的结果选择合理的数据平稳性处理方式并不容易，因为通过统计之后本章的样本量并不大，此时单位根检验统计功效相对很低。如果将核心变量处理为平稳的结果，会使得计量分析信息损失，因而本章并没有对其进行平稳性处理。

表5.1　模型主要变量的统计描述及单位根检验结果

变量	阐释	均值	标准偏差	最小值	最大值	ADF 单位根
$I_{t,v}^{Media}$	全部的报刊新闻	4.88	0.20	4.39	5.19	I(0)
$Var(hp_{t,IQV}^{e})$	房价预期异质性（1）	0.92	0.07	0.77	0.99	I(1)
$Var(hp_{t,MOV}^{e})$	房价预期异质性（2）	0.38	0.03	0.32	0.44	I(1)
$I_{t,v,pos}^{Media}$	正面情绪报道	0.18	0.07	0.06	0.32	I(0)
$I_{t,v,neg}^{Media}$	负面情绪报道	0.20	0.09	0.08	0.41	I(0)
$Media_t^p$	党报及机关类报刊	4.20	0.21	3.74	4.56	I(0)
$Media_t^e$	经济类报刊	4.17	0.21	3.69	4.57	I(0)
hp_t	百城房价	2.83	3.80	–3.6	9.2	I(2)
dhp_t	百城房价的波动	–0.21	0.86	–1.9	1.4	I(1)

5.5　新闻媒体信息与消费者预期异质性的回归分析

5.5.1　新闻报道量与预期异质性

在预期相关研究文献中，异质性特征一度被认为是研究预期形成机制的重要着力点，其主要原因是只有公众预期是异质性的，即持有对未来经济活动的不同看法，才会产生相应的交易过程，从而影响宏观经济的波动。在这一部分，本章将对假定1进行检验，验证新闻媒体报道量是否对消费者预期异质性产生显著的影响。相关研究认为，新闻报道量的不断增加将会增加信息的透明度，从而使得消费者预期的异质性逐步降低（Pfajfar et al.，2013）。由于报刊新闻报道与预期形成机制可能存在内生性问题，报刊新闻工作者可能会基于满足消费者的偏好来形成自己的报道内容，或其他的宏观经济因素会共同影响消费者预期及报刊新闻的报道。因而，除了回报 OLS 的回归结果以外，本章亦将利用2SLS及GMM的工具变量方法进行相应回归。

表5.2中的(2)列至(4)列的回归结果为OLS的回归结果，(5)列和(6)列则是对工具变量的回归结果进行相应的汇报。(1)列中没有对报刊新闻报道量进行控制，考察了房价走势及其价格波动等变量对消费者预期异质性的影响；(2)列和(3)列中分别加入了先验信息及新闻报刊报道量，考察对消费者预期异质性的影响；(4)列和(5)列是同时控制了房价水平、价格波动及先验信息和新闻报道量。回归结果如表5.2所示。

表5.2 新闻报道量对预期异质性的影响

变量	OLS(1)	OLS(2)	OLS(3)	2SLS	GMM
hp_t	−0.007 4*** (−4.89)	−0.003 83* (−1.81)	−0.004 59** (−2.26)	−0.004 98** (−2.21)	−0.004 95*** (−3.38)
dhp_t	−0.063 8*** (−8.97)	−0.043 7*** (−3.99)	−0.046 5*** (−4.44)	−0.045 7*** (−4.02)	−0.046 9*** (−4.45)
$(\Delta hp_t)^2$	−0.018 5** (−2.52)	−0.013 2* (−1.82)	−0.013 4* (−1.94)	−0.011 7 (−1.60)	−0.012 0* (−1.95)
$Var(hp^e_{t-1})$		0.367** (2.32)	0.421*** (2.77)	0.569*** (2.97)	0.539*** (4.09)
$I^{Media}_{t,v}$			−0.0648** (−2.17)	−0.160* (−1.79)	−0.153** (−2.24)
_cons	0.943*** (10.39)	0.594*** (3.96)	0.862*** (4.57)	1.187*** (3.17)	1.182*** (4.32)
R-sq	0.641	0.721	0.794	0.756	0.763
N	34	34	34	30	30

注：* 表示10%的置信水平，** 表示5%的置信水平，*** 表示1%的置信水平，汇报标准误，*R-sq* 为拟合优度。

由表5.2可知，无论是用哪种方法进行回归，都存在一些基本的一致结论。房价水平及房地产市场价格的波动都能够为消费者预期异质性提供一定的解释能力，且系数皆为负，说明随着价格的上升及价格波动幅度的增大，消费者预期异质性是减小的。这与我们最初的设想存在一定的差异，即房价波动幅度较大时，消费者预期异质性应该是增大的。从 (1) 列至 (3) 列的回归结果中我们可以看出，当依次考虑到先验信息、新闻媒体报道量时，模型的整体解释能力有所提高。先验信息在不同的回归模型中皆显著为正，说明消费者预期异质性很大程度上亦来自自身所固有的预期，而这部分预期存在明显的异质性。

新闻媒体报道量对消费者房价预期的异质性有着显著的负影响：即随着媒体信息报道量的增加，消费者房价预期异质性有显著减小的趋势。利用不同的回归模型，考虑到内生性的问题亦得出相同的结论，可见假定1确实得到了印证。这说明随着报刊新闻的不断增加，消费者所获取的信息亦增加，增加了信息的透明度，使得消费者能够形成较为一致的预期。当然，单从新闻报道量来对预期异质性进行解读还不完整，不同新闻报道情绪亦能够对消费者预期异质性产生影响。为了进一步研究媒体信息对消费者预期异质性的影响，我们将对报道性质进行区分。

5.5.2　新闻情绪与预期异质性影响的不对称性

本章将在这部分结合式(5.6)对假定2进行相应的检验。除了考虑新闻报道总量对预期异质性的影响以外，新闻情绪或报道性质亦会对预期的异质性产生影响。因而，本章再进一步对不同新闻报道性质进行区分，考察影响的差异性。正面情绪与负面情绪二者的媒体信息报道是否对消费者预期的异质性产生影响，且这种影响是否是对称的，“沉默的螺旋”理论是否对于不同的情绪具有同样的渲染作用？同样地，考虑到媒体信息所带来的内生性，本章利用2SLS 及 GMM 工具变量法进行相关的处理并汇报相应的结果。表5.3中的 (2) 列为 OLS 的回归结果，而 (3) 列和 (4) 列是考虑了内生性情况的回归模型结果。

从表5.3所示的回归结果可以看到，对不同性质的媒体报道进行控制之后，新闻报道总量对异质性预期的影响依然显著。但从先验信息的回归系数来看，在控制媒体报道性质后，先验信息的解释能力有所减弱，而模型的整体解释能力有所增加。消费者在形成自身的预期时，媒体报道的性质亦是不可忽视的重要变量。

表5.3　新闻情绪与预期异质性影响的实证结果

变量	OLS	2SLS	GMM
$Var(hp^{e}_{t-1})$	0.343** (2.22)	0.395** (2.29)	0.412*** (3.29)
hp_t	−0.006 05*** (−2.94)	−0.006 52*** (−3.23)	−0.006 55*** (−4.23)
dhp_t	−0.048 9*** (−4.61)	−0.048 7*** (−4.83)	−0.049 4*** (−4.75)
$(\Delta hp_t)^2$	−0.011 2 (−1.64)	−0.012 0* (−1.83)	−0.012 6** (−2.10)
$I^{news}_{t,v}$	−0.065 3** (−2.28)	−0.119* (−1.76)	−0.126** (−2.09)
$I^{news}_{t,pos}$	−0.249** (−2.21)	−0.262** (−2.40)	−0.263** (−2.41)
$I^{news}_{t,neg}$	−0.157 (−1.47)	−0.122 (−1.22)	−0.129 (−1.11)
_cons	1.015*** (5.2)	1.224*** (4.21)	1.245*** (5.26)
R-sq	0.78	0.85	0.84
N	34	30	30

注：* 表示10% 的置信水平，** 表示5% 的置信水平，*** 表示1% 的置信水平，汇报标准误，*R-sq* 为拟合优度。

从回归结果来看，积极正面的情绪报道和负面的情绪报道对消费者房价预期的异质性都存在负向的影响。即媒体正面情绪报道或负面情绪报道越频繁，消费者异质性预期越低。但正面报道对消费者异质性预期的影响是相对显著的，而负面报道对消费者异质性预期的影响却并不是显著的。这一结论与以往文献中所得出的消费者更加关注负面报道情绪的观点存在差异。可能的原因在于，近年来我国房地产市场价格一直处于短期波动状态，消费者通常先验地认为国内房价的总体趋势是上涨的。因此，当面临正面情绪的报道时，通常更容易出现一致的预期，即正面情绪的报道越频繁则异质性程度越低。

5.5.3　人口结构特征与消费者预期异质性的再解释

从图 5.2 至图 5.4 所示的以区域、性别及年龄划分的房价预期异质性描述性统计可以看出，相同人口结构特征的预期异质性随着时间的变化有着明显的变化，同样，具有不同人口结构特征的群体也有着明显的预期异质性。可见，人口结构特征可能是预期异质性的可能来源，但如何对这种差异进一步进行解释，即具有不同性别、年龄及所在地的调查群体为何会呈现出这种异质性特征。媒体信息有可能为这种人口结构差异提供合理的解释。

本章利用所获得的微观调查数据进行相应的检验。这种分类检验一方面可以验证公众预期对媒体信息报道感知的稳健性，另一方面可以间接地对人口结构特征异质性来源做出解释。具体的分类标准已在本章第四部分做了介绍。表 5.4 为不同性别、年龄和地域消费者预期异质性影响的相关回归结果。与前面部分相比，因变量从消费者预期异质性变成按照不同群体划分的内部预期异质性。表 5.4 中主要对 GMM 的回归结果进行统计。

从表 5.4 所示的回归结果可以初步看出，具有不同人口结构特征的消费者，预期异质性程度存在较大的差异。具体而言，不同性别的消费者在面临不同性质的新闻报道时，反应是不同的，相比于女性而言，男性对新闻报道信息会更加敏感。可能的原因是，男性可能会更加关注报刊信息等新闻，而女性则更容易受到先验信息的影响，未积极更新自身的房价预期。

就不同的地域差异而言，东部地区的消费者与中西部地区的消费者在预期形成机制方面存在明显的差异，东部地区的消费者更容易受到新闻报道量的影响，且对先验信息的吸收能力亦存在显著的差异。可能的原因在于，东部沿海地区的房地产市场更为活跃，其价格波动更为剧烈。因而，东部地区的消费者对房地产市场的相关信息会更加敏感。

表5.4　媒体情绪与不同人口结构特征异质性预期回归结果

变量	不同性别		不同区域			不同年龄			
	sex1	sex2	area1	area2	area3	age1	age2	age3	age4
$Var(hp^{e}_{j,t-1})$	0.312*	0.303*	0.230*	0.195	0.082 2	0.219	0.198	0.518***	0.498**
	(1.89)	(1.69)	(1.76)	(1.35)	(0.32)	(1.13)	(1.49)	(4.91)	(2.06)
hp_t	−0.008 1***	−0.007 7***	−0.009 9***	−0.008 9***	−0.008 3***	−0.010 6***	−0.007 7***	−0.003 3**	−0.005 4**
	(−4.63)	(−4.09)	(−5.12)	(−4.77)	(−3.49)	(−4.50)	(−4.30)	(−1.98)	(−2.38)
dhp_t	−0.075 4***	−0.058 3***	−0.098 6***	−0.068 5***	−0.051 8**	−0.067 6**	−0.072 2***	−0.028 1**	−0.037 4**
	(−3.94)	(−4.12)	(−5.38)	(−5.21)	(−2.72)	(−3.19)	(−4.46)	(−3.01)	(−2.44)
$(\Delta hp_t)^2$	0.013 7	0.002 27	0.019 9	0.012 8	−0.006 39	0.018 4	0.019 7	−0.016 6	−0.004 91
	(0.85)	(0.14)	(1.09)	(1.12)	(−0.29)	(0.87)	(1.63)	(−1.53)	(−0.32)
$I^{Media}_{t,v}$	−0.0784	−0.119*	−0.156*	−0.084*	−0.055	−0.025 9	−0.025 7	−0.118**	−0.113*
	(−0.88)	(−1.81)	(−1.80)	(−1.68)	(−0.56)	(−0.20)	(−0.48)	(−2.37)	(−1.20)
$I^{Media}_{t,pos}$	−0.291*	−0.292***	−0.294*	−0.190*	−0.330**	−0.460**	−0.186**	−0.180**	−0.233*
	(−2.11)	(−3.65)	(−1.95)	(−2.41)	(−2.84)	(−2.05)	(−2.42)	(−1.96)	(−1.68)
$I^{Media}_{t,neg}$	−0.283	−0.198	−0.321*	−0.208	−0.118	−0.207	−0.243**	−0.036 1	−0.167
	(−1.95)	(−1.80)	(−2.06)	(−2.10)	(−0.81)	(−1.29)	(−2.19)	(−0.32)	(−1.18)
_cons	1.13**	1.33***	1.58***	1.24***	1.22***	0.952*	0.946**	1.081***	1.101***
	(2.77)	(5.26)	(4.07)	(4.94)	(3.97)	0.219	0.198	0.518***	0.498**
R-sq	0.801	0.811	0.754	0.784	0.72	0.804	0.882	0.712	0.763
N	30	30	30	30	30	30	30	30	30

注：* 表示10% 的置信水平，** 表示5% 的置信水平，*** 表示1% 的置信水平，汇报标准误，*R-sq* 为拟合优度。

对于不同年龄的消费者而言，年轻的群体更容易受到媒体信息的影响，而年长的群体则更容易受到先验信息的影响，且年长的群体在形成预期后更不容易更新自身的预期。可能的原因是，当前国内年轻群体往往面临着购买婚房的压力，所以会更加关注房地产市场的相关信息。而年长者更容易形成固定思维，其信息黏性程度会更大，信息更新的频率会更低。

5.6 稳健性检验

5.6.1 消费者预期异质性的再衡量

如前文所述，对消费者预期异质性的衡量有多种，除了利用 IQV 方法来衡量我国消费者房价预期的异质性以外，本章试图利用其他的预期异质性度量方法进行类似检验。Blair 等(2000)指出可以利用差异量数(Measure of Ordinal Variation，MOV)的衡量方法对消费者异质性特征进行衡量。而这种方法亦能够作为一种有效的替代变量以进一步检验媒体信息对消费者预期异质性的影响机制是否稳健。*MOV* 的度量方法如下式：

$$MOV = 1 - l^2 = 1 - \frac{\sum_{i=1}^{K}\left(F_{i,s,t} - \frac{1}{2}\right)^2}{\frac{K-1}{4}} \tag{5.9}$$

式中,K 代表不同回答的种类，本章中 $K=3$，而 $F_{i,t}$ 则分别代表 “上升”“不变”“下降” 这三种回答的累计比率，如三种回答分别所占的比率为 s_1 、s_2、s_3，那么此时 $F_{2,t}=s_1+s_2$。当消费者在同一时刻对未来预期存在较大的争议时，其累计比率差异较大，则此时其平方和相对较小，l^2 值则相对较小，从而 *MOV* 的值相对较大，即能够对消费者预期异质性进行有效的度量。表 5.5 是利用 *MOV* 方法衡量预期异质性以替代 IQV 方法得出的实证结果。与前文保持一致，本章同时给出了 OLS 方法及工具变量方法的回归结果。

表5.5 新闻情绪与预期异质性影响的实证结果

变量	OLS	2SLS	GMM
$Var(hp^{e}_{MOV,t\text{-}1})$	0.274^{*} –1.66	0.399^{**} –2.19	0.365^{**} –2.34
hp_t	$-0.002\ 87^{**}$ (–2.75)	$-0.003\ 11^{***}$ (–2.99)	$-0.003\ 20^{***}$ (–3.41)
dhp_t	$-0.020\ 0^{***}$ (–3.84)	$-0.019\ 9^{***}$ (–3.99)	$-0.023\ 7^{***}$ (–4.04)
$(\Delta hp_t)^2$	$-0.007\ 03^{*}$ (–1.88)	$-0.006\ 41^{*}$ (–1.83)	$-0.008\ 47^{***}$ (–2.77)
$I^{news}_{t,v}$	–0.024 3 (–1.55)	$-0.063\ 9^{*}$ (–1.82)	$-0.069\ 4^{**}$ (–2.19)
$I^{news}_{t,pos}$	-0.146^{**} (–2.30)	-0.133^{**} (–2.16)	-0.145^{***} (–2.60)
$I^{news}_{t,neg}$	–0.059 6 (–1.02)	–0.047 3 (–0.87)	–0.085 1 (–1.32)
_cons	0.445^{***} (4.47)	0.584^{***} (3.75)	0.635^{***} (4.61)
R-sq	0.84	0.84	0.83
N	34	30	30

注：* 表示10% 的置信水平，** 表示5% 的置信水平，*** 表示1% 的置信水平，汇报标准误，*R-sq* 为拟合优度。

从表5.5中可以看出，与表5.2虽然存在绝对值的差异，但整体结论并没有改变。消费者房价预期异质性受到新闻报道量及报道性质的影响。新闻报道越频繁，即消费者所获得的信息越丰富时，消费者形成的房价预期异质性越小。正面报道相对于负面报道而言，具有更显著的影响力，即媒体报道性质对消费者房价预期的影响具有显著的不对称性。

5.6.2 不同新闻报刊影响的差异

与第3章中的稳健性检验保持一致，本章亦对不同报刊分类的信息报道如何影响房价异质性预期进行检验。表5.6中 (2) 列至 (4) 列是党报等机关类报刊对消费者房价预期异质性的影响，(5) 列至 (7) 列是以市场为导向的经济类报刊对消费者预期异质性的影响。需要注意的是，此时的变量 $I_{t,pos,j}^{Media}$ 是对不同报刊分类中的新闻性质更进一步的判断，而不是总体新闻报道性质的判断结果。

表 5.6　不同报刊分类的媒体情绪与消费者预期异质性

变量	$Media_t^p$			$Media_t^e$		
	OLS(1)	2SLS(1)	GMM(1)	OLS(2)	2SLS(2)	GMM(3)
$Var(hp_{j,t-1}^e)$	0.397**	0.364***	0.386**	0.340**	0.379**	0.404***
	(2.57)	(2.71)	(2.39)	(2.23)	(2.18)	(3.04)
hp_t	−0.004 3**	−0.004 8**	−0.0044**	−0.003 3	−0.004 0	−0.003 4
	(−2.04)	(−2.15)	(−2.02)	(−1.50)	(−1.59)	(−1.39)
dhp_t	−0.049***	−0.057***	−0.0575***	−0.038***	−0.043***	−0.039***
	(−4.36)	(−3.57)	(−3.34)	(−3.55)	(−3.44)	(−3.19)
$(\Delta hp_t)^2$	−0.012 8*	−0.014 4**	−0.012 6*	−0.009 1	−0.009 2	−0.008 4
	(−1.82)	(−1.97)	(−1.78)	(−1.26)	(−1.15)	(−1.00)
$I_{t,v,j}^{news}$	−0.039 1	−0.096	−0.109*	−0.018 6	−0.128*	−0.132*
	(−1.46)	(−1.13)	(−1.75)	(−0.65)	(−1.83)	(−1.81)
$I_{t,pos,j}^{news}$	−0.178*	−0.140*	−0.180*	−0.291**	−0.443**	−0.470***
	(−1.74)	(−1.92)	(−1.69)	(−2.37)	(−2.37)	(−3.00)
$I_{t,neg,j}^{news}$	−0.179*	−0.161	−0.186*	−0.136	−0.262	−0.266**
	(−1.91)	(−1.61)	(−1.92)	(−1.17)	(−1.62)	(−2.14)
_cons	0.803***	1.062***	1.107**	0.766***	1.238***	1.233***
	(4.26)	(2.73)	(2.23)	(4.01)	(2.83)	(3.57)
R-sq	0.79	0.75	0.734	0.789	0.68	0.671
N	34	34	34	30	30	30

注：* 表示 10% 的置信水平，** 表示 5% 的置信水平，*** 表示 1% 的置信水平，汇报标准误，*R-sq* 为拟合优度。

从表 5.6 的回归结果中可以看出，两种分类报刊所得结论大体相同：首先，两种报刊的新闻报道都会对消费者房价预期产生负向影响，即与房地产市场相关的新闻报道量越大，信息越透明，从而预期异质性越小；其次，正面情绪和负面情绪二者的报道存在显著的不对称性，正面情绪的报道更能够对消费者预期异质性产生影响。这些结论进一步证实了5.6章节的检验中所得出的结论。

同时，表5.6也显示不同类型的报刊新闻报道所产生的影响有差异：首先，对于新闻报道总量而言，商业财经类报刊的新闻报道对预期异质性的影响更加显著，说明消费者对财经类报刊新闻吸收能力更强；其次，对于不同的新闻报道性质而言，商业财经类的报刊新闻的不对称性影响更加明显，消费者对商业财经类报刊的正面情绪的报道具有更强的吸收能力。这一结论可能与两种报刊新闻的自我定位有着很大的联系，商业财经类报刊的报道因为其利益主导特性，报道主题通常能够更加吸引消费者的眼球，因而消费者会更多地吸收此类信息。商业财经类报刊亦通常更加倾向于为房地产开发商等掌握话语权的阶层发声，从而使得相对于负面情绪而言，正面情绪的渲染要更加强烈，因而消费者对正面情绪报道的吸收能力更强。

5.6.3 螺旋真的沉默了吗？一个解释

通过实证分析发现，无论是新闻报道量还是悲观消极的媒体情绪都对公众房价异质性预期产生显著影响，且基本为正。可见，在房地产市场的“白银时代”，公众对房地产市场价格的预期存在显著的异质性，且媒体舆论的传播并没有缩小这种异质性，“沉默的螺旋”需要进一步思考。

媒体报道本身的多元化和歧见性是公众房价预期异质性程度不断增加的原因之一。随着新闻报道量的不断增大，公众房价预期的异质性程度增大。我们在实证分析当中加入以百度搜索指数为代理变量的信息透明度，回归结论显示，信息透明度与新闻报道量的交互项显著为负，说明随着信息透明度的提高，公众对未来房价预期有更丰富的认知，异质性预期趋于下降。除信息透明度以外，新闻报刊报道内容自身的异质性程度也应该被考虑在内。图5.6显示，新闻报道量增大时，新闻报道内容的异质性程度也在增加。原因可能是，新媒体环境下，主流媒体的新闻表达更加趋向于多元化，歧见性特征更强，对于同一新闻事件，不同媒体意见的表达差异性越来越大。再次回顾不同媒体对调控政策的表述，寻找可能的原因。党报和机关类报刊多用“能否降温”“业内人士解读细则新看点”等中性化标题，而部分类财经报刊通常使用“史上最严调控”“楼市泡沫趋于失控”等极具煽动性的标题。公众对党报和机关报等主流媒体的认可度更高，从而导致了房价预期异质性的进一步扩大。世联行所公布的2013年第二季度购房者信心指数报告中显示，购房者对“新国五条”调控效果满意度占比仅为5.4%，不同购房需求的群体对未来房价预期也存在一定差异。报刊媒体的多元化解读及地方政府没有严格执行相关政策成为异质性预期不断增大的重要原因。

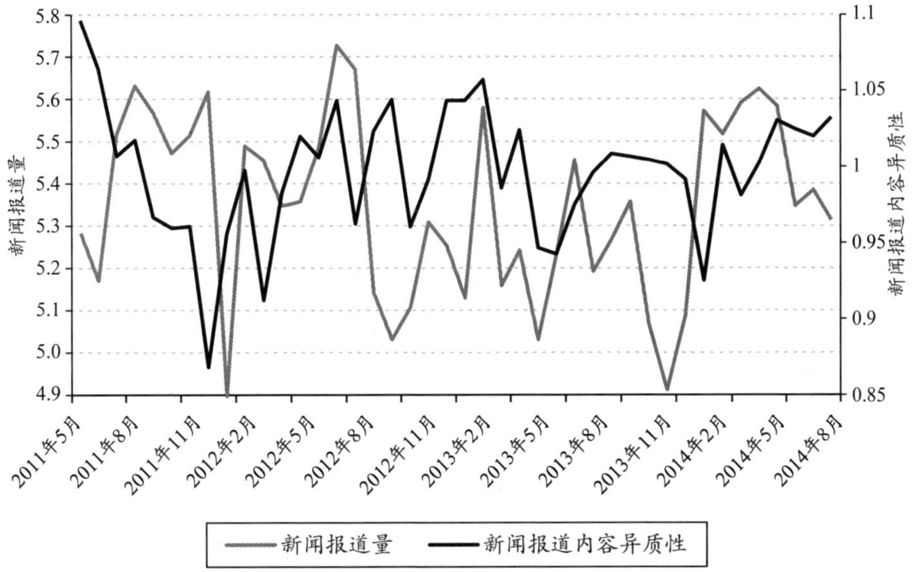

图5.6　新闻媒体报道量与报道内容的异质性

资料来源：笔者利用报刊分类新闻原始数据分类整理，计算获得。

媒体情绪的差异性解读也是房价预期异质性趋于扩张的另一个重要原因。自2003年以来，中国房地产市场在波动中一路上扬，使得国内公众更容易接受乐观积极的情绪报道，对于悲观负面情绪报道认可度不高。自2013年3月以来，国务院公布房地产调控“新国五条”实施细则政策后，当月与房地产市场相关的新闻报刊出现大幅度增加，有效新闻报道量为264条，消极悲观情绪报道高于积极乐观的情绪报道。可见公众的预期能够被媒体情绪所引导和传染，但这种负面情绪传染随后不断减弱并消逝，可见长期中，公众对房价上涨的预期认可度更高。

5.7 小　结

本章从微观层面对我国房地产市场公众预期的异质性特征进行深入探讨：在数据上，首次利用来自中国经济景气监测中心的问卷数据，选取了关于房地产市场信息的微观调查数据，对消费者房地产市场预期异质性进行衡量；在方法上，本章用多种方法刻画了房价预期的异质性，并对报刊等新闻媒体信息源进行了分解和处理，对房价预期异质性的来源进行更为细致的考察，并利用多种方法研究了媒体信息与预期异质性之间的关联。

研究显示，微观个体确实存在着显著的预期异质性，而媒体报刊新闻、特别是其报道性质能够对预期异质性提供一定的解释。首先，媒体信息报道对消费者房价预期的形成产生了影响，新闻报道量越频繁，消费者预期异质性越低；其次，相对于负面情绪的传播而言，正面情绪的传播更容易对消费者预期异质性造成影响，不同情绪的报道存在极大的差异，国内消费者往往对上涨的意见比较敏感，而对负面情绪的表达则相对不敏感；最后，不同性别、年龄及地域的人群，对新闻信息的吸收存在一定的差异，从而形成了不同群体之间的预期异质性。

消费者预期异质性本身即表明了“沉默的螺旋”理论不具有普遍适用性，媒介对舆论的社会控制机制的作用依然存在，但力量已经削弱，且具有明显的不对称性。

第 6 章　百度搜索指数与房价预期形成

6.1　问题的提出

消费者不仅仅会被动地接受报刊新闻等媒体信息，更会通过互联网主动地获取信息，我们可以研究消费者主动获取信息的行为对房价预期的影响。从信息获取看，随着互联网媒体日新月异的发展，信息获取的渠道越来越多样化，除了从报刊新闻等传统媒体中被动地获取房地产的相关信息以外，消费者还可以通过搜索引擎主动获取自己想要获得的信息。中国互联网网络信息中心（China Internet Network Information Center，CNNIC）的相关调查数据显示，国内搜索引擎用户的使用规模从2010年的76.3%增长到2015年的82.3%，可见搜索引擎是互联网信息获取的主要渠道。如果将从传统报刊媒体中所获得的信息认为是一种信息供给，那么消费者的主动搜索过程可以认为是一种对信息的需求。

Vlastakis 等(2012) 在研究股票价格等资产市场价格波动时，不仅关注新闻报刊等所组成的供给方面的信息，也对信息需求给予充分的考虑。他们的研究显示，仅从信息供给方考虑并不能对股票价格的波动进行全面解读，信息供给与信息需求存在一定的相关性但并不完全相同。从信息需求方面着手来对资产价格波动进行再次解读，是通过信息渠道影响资产价格的重要补充。他们所选用的信息需求代理变量为谷歌搜索趋势，这种指标作为代理变量最早来自 Da 等(2011)。此后，利用谷歌搜索指标这种大数据作为情绪代理变量研究资产价格的相关文献逐渐流行。与谷歌搜索不同，国内消费者更多地利用百度作为主要的搜索引擎。截至2015年，百度搜索在搜索引擎用户中的渗透率为93.1%，在相关搜索引擎中占据绝对的主导地位。百度指数体现的是关键词被搜索的次数，可以衡量消费者对房地产市场信息的关注程度。董倩等(2014)曾经利用百度搜索指数作为基础数据，分析经济主体行为趋势和规律并对房价进行预测。因而，本章利用国内最大的搜索引擎——百度搜索指数作为信息需求的代理变量进行相关研究。

在这一章中，本章将结合百度搜索指数与消费者预期调查数据从信息供给层面对消费者房价预期的形成机制进行研究，进一步考察国内消费者房价预期的有偏性及异质性特征。

6.2 模型设定与数据处理

百度指数是以百度海量网友的行为数据为基础的数据分享平台。从2011年开始收录每日关键词的搜索量，百度搜索指数通常有两个搜索渠道：电脑（personal computer，PC）搜索指数和移动搜索指数。本小节设定的样本期间依然为2011年8月至2014年6月。百度指数的每日关键词原始数据无法直接下载，作者运用 Python 工具进行爬取，并完成对原始数据的收集。在对百度指数进行搜索时，首先需要确定搜索的关键词，以关键词为统计对象形成对应的时间序列。这些关键词的选取必须与房地产市场价格的波动存在相关性，应当包含房地产市场的整体走势、相关政策以及主要的宏观经济环境等相关信息。共选取了包括“房价走势”“楼盘”“房地产”“房产税”“贷款利率”等20个初始关键词。其次，按照本章所选取的20个初始关键词，对其每日搜索量数据进行汇总以形成月度数据，并将所有关键词的月度数据进行汇总，得到与房地产市场价格相关的总百度指数搜索量。为降低数据的数量级，与报刊数据类似，需要对其进行取对数处理，最后得到以百度搜索指数为代表的信息需求代理变量 $I_{i,t}^{SVI}$。

与新闻报道性质分类保持一致，本章亦对百度搜索指数关键词的相关性质进行划分，分为悲观情绪的搜索和乐观情绪的搜索。当消费者对“房价下跌”“楼市崩盘”“房地产市场泡沫”等关键词进行搜索时，说明消费者感受到的情绪是相对较为悲观的。而当消费者对“楼市回温”“地王”“城镇化”等关键词进行搜索时，说明消费者感受到的情绪是相对乐观的。

百度搜索指数的相关搜索量相对庞大。为降低数量级的干扰，本章分别对总的百度指数搜索量、乐观情绪及悲观情绪等搜索量进行取对数处理。在进行实证之前，需要对添加的核心变量进行描述性统计分析，并对相应指标进行单位根检验，结果如表6.1所示。

表6.1　模型部分变量的统计描述及单位根检验结果

变量	阐释	均值	标准差	最小值	最大值	ADF 单位根
$I_{t,v}^{SVI}$	百度指数	14.78	0.16	14.21	15.23	I(0)
$I_{t,v,pos}^{SVI}$	正面情绪搜索	10.96	0.32	10.38	11.56	I(0)
$I_{t,v,neg}^{SVI}$	负面情绪搜索	11.01	0.46	10.29	11.78	I(0)

数据来源：百度指数及笔者整理。

从表6.1中可以看出，百度指数搜索量、正面情绪搜索和负面情绪搜索量在近年来波动并不大，最大值和最小值之间差距相对较小。对三个时间序列变量进行 ADF 检验以考察其平稳性，结果显示三个序列都是单位根平稳的，从而可以进行对应的实证分析。如第3章和第4章所述，本章将分别以消费者预期偏误和预期异质性为因变量，以百度指数搜索量为核心的自变量建立对应的回归方程。与传统文献研究中仅考虑信息 $I_{i,t}$ 作为信息供给 $I_{i,t}^{Media}$ 对消费者预期形成所带来的影响不同，本章同时关注信息需求 $I_{i,t}^{SVI}$ 带来的影响，即 $I_{i,t}=\left(I_{i,t}^{SVI}, I_{i,t}^{Media}\right)$。

$$GAPhp_t^e=\alpha+\beta_1 GAP\left(hp_{t-1}^e\right)+\rho I_t^{SVI}+\beta_2 I_{t,pos}^{SVI}+\beta_3 I_{t,neg}^{SVI}+\beta_{03} I_{,t}^{Media}+\gamma hp_t$$
$$+\theta Dthp_{t-k}+\mu \ln jyl_{t-k}+\varepsilon_t \tag{6.1}$$

式(6.1)考察了百度搜索指数对消费者房价预期偏误，同时关注了不同的媒体情绪对预期偏误的影响，其他宏观经济变量的控制与5.3章节保持一致。还包括了能够显示出消费者情绪倾向的搜索关键词 $I_{t,pos}^{SVI}$，$I_{t,neg}^{SVI}$。

$$Var\left(hp_t^e\right)=\alpha+\rho Var\left(hp_{t-1}^e\right)+\beta_0 I_t^{SVI}+\beta_{01}I_{t,pos}^{SVI}+\beta_{02}I_{t,neg}^{SVI}+\beta_{03}I_{,t}^{Media}+\gamma hp_t+\delta\Delta hp_t+\theta\left(\Delta hp_t\right)^2+\varepsilon_t \tag{6.2}$$

式(6.2)考察了百度搜索指数对消费者预期异质性的影响，并对报刊信息报道进行了有效的控制，其他变量的定义与前文中保持一致。因为以百度搜索指数为代表的信息需求同样与消费者预期的形成存在互为因果的关系，从而产生内生性问题。和上文保持一致，除了利用 OLS 进行相应回归以外，本章将考虑到相应的内生性问题，对2SLS 及 GMM 的结果进行相应回归并对结果进行汇报。

6.3 信息供给与信息需求的相关性分析

在建立相关的实证模型之前，本章试图对信息供给变量及信息需要变量如何相互影响进行检验。本章将采用格兰杰因果检验来对这种相互影响机制进行研究。如果信息需求是信息供给的格兰杰因果检验，而信息供给并不是信息需求的格兰杰因果检验，则说明消费者首先在网络上搜索了自己想要关心的信息，然后媒体报刊根据这一搜索而确定自己的报道主体。反之，则说明消费者是从报刊新闻中获得最初的信息，然后从互联网上进一步进行相关检索而获得补充性信息的。建立如下的时间序列模型以检验格兰杰因果关系：

$$I_t^{SVI}=a_0+\sum_{i=1}^{p}\beta_i I_{t-i}^{Media}+\sum_{i=1}^{q}\rho_i I_{t-i}^{SVI}+\varepsilon_t \tag{6.3}$$

$$I_i^{Media}=a_0+\sum_{i=1}^{q}r_i I_{t-i}^{Media}+\sum_{i=1}^{p}\delta_i I_{t-i}^{SVI}+\varepsilon_t \tag{6.4}$$

本章的滞后阶数 p 和 q 的确定通常是根据最大信息准则，本章中 p 确定为2。式(6.1)中格兰杰因果检验的原假设为：$\beta_1=\beta_2=0$。当原假设被拒绝时，说明过去的信息供给能够为未来的信息需求提供预测，及信息供给是信息需求的格兰杰原因，式(6.2)类似。表6.2对格兰杰因果检验的结果进行了汇总：

表6.2　新闻报刊信息与百度搜索指数的格兰杰因果检验

Equation	Excluded	chi2	Df	Prob > chi2
$I_{i,t}^{SVI}$	$I_{,i,t}^{Media}$	10.506	2	0.005
$I_{i,t}^{SVI}$	All	10.506	2	0.005
$I_{i,t}^{Media}$	$I_{,i,t}^{SVI}$	1.193 2	2	0.551
$I_{i,t}^{Media}$	All	1.193 2	2	0.551

数据来源：stata 软件的格兰杰因果检验结果。

从表6.2所示的回归结果可以看出，国内媒体报刊新闻与百度搜索指数并不是互为因果的关系，在以 $I_{i,t}^{SVI}$ 百度指数为被解释变量的方程中，P 值为0.005，则认为 $I_{i,t}^{Media}$ 是 $I_{i,t}^{SVI}$ 的格兰杰原因；反之，P 值为0.551，则说明 $lI_{i,t}^{SVI}$ 不是 $I_{i,t}^{Media}$ 的格兰杰原因。可见消费者在获得与房地产相关信息时，首先通过阅读报刊新闻的报道获取一定的信息，然后通过主动地从网络上面搜索自己所关注的新闻进一步补充或修正自己的信念，形成对未来房价的预期。进一步地，本章需要通过实证研究进一步明确以百度指数为代表的信息需求是否能够对消费者房价预期的形成机制提供合理的解释。

6.4　基于信息需求层面的预期形成机制分析

6.4.1　基于信息需求的有偏性再检验

消费者通过对房价相关的关键词进行搜索而获取与房地产市场相关的信息，并根据对应的信息形成自身的房价预期。以信息需求为主导的消费者房价预期是否有偏及异质性需要进一步通过实证研究进行验证。表6.3和表6.4分别显示了有偏性结果和异质性结果。实证分析中分别考察了信息总量及不同的信息搜索情绪对消费者预期形成机制的影响。为了提高回归结果的稳健性，本章分别显示了 OLS 及考虑内生性工具变量的2SLS 及 GMM 的相应回归结果。

表6.3　新闻报刊信息、百度搜索指数与消费者房价预期有偏性分析

变量	消费者百度搜索指数			消费者媒体情绪		
	OLS(1)	2SLS(1)	GMM(1)	OLS(2)	2SLS(2)	GMM(2)
$GAP(hp^e_{t-1})$	0.527** (3.46)	0.52*** (3.75)	0.481*** (3.59)	0.420* (2.69)	0.465** (2.76)	0.511** (3.12)
I_t^{SVI}	−0.019* (−2.16)	−0.018* (−1.73)	−0.020 9* (−1.86)	−0.020 4* (−2.12)	−0.028 8* (−1.89)	−0.03 (−1.35)
I_t^{Media}	0.006 8 (0.99)	0.006 1 (0.42)	0.010 3 (0.75)	0.004 2 (0.61)	0.006 1 (0.86)	0.004 3 (0.54)
hp_t	−0.024** (−2.86)	−0.024** (−2.99)	−0.022*** (−4.19)	−0.023** (−2.93)	−0.022** (−2.80)	−0.023** (−3.14)
$(\Delta hp_t)^2$	0.059 1* (1.78)	0.059 0* (2.02)	0.052 6** (2.85)	0.061 0* (1.83)	0.042 9 (1.04)	0.038 4 (1.10)
$lnjyl_t$	−0.003 86 (−0.85)	−0.003 96 (−0.88)	−0.004 66 (−1.42)	−0.004 95 (−0.99)	−0.009 05 (−1.20)	−0.009 38 (−1.36)
$I_{t,pos}^{SVI}$				0.005 75* (2.05)	0.004 6 (1.14)	0.005 0 (1.19)
$I_{t,neg}^{SVI}$				−0.003 9 (−0.40)	0.013 8 (0.47)	0.014 7 (0.45)
_cons	0.296* (2.20)	0.295* (2.45)	0.322* (2.20)	0.332* (2.54)	0.302* (2.33)	0.263* (1.99)
R-sq	0.752	0.743	0.78	0.792	0.761	0.77
N	34	30	30	34	30	30

注：* 表示10% 的置信水平，** 表示5% 的置信水平，*** 表示1% 的置信水平，汇报标准误，R-sq 为拟合优度。

从表6.3所示的回归结果可以看出，无论是利用何种回归方法都能得到一些基本结论：信息需求能够影响消费者有偏性预期的形成。以百度搜索指数为代表的需求信息对消费者的预期偏差有显著的反向作用，即消费者通过积极地对房地产市场信息的自主性搜索能够减少其预期偏差，从而形成相对准确的预期。可见消费者对信息的主动探索在形成正确预期方面要强于被动地接收信息。

表6.4　新闻报刊信息、百度搜索指数与消费者房价预期异质性分析

变量	消费者百度搜索指数进行控制			消费者媒体情绪进行控制		
	OLS(1)	2SLS(1)	GMM(1)	OLS(2)	2SLS(2)	GMM(2)
$Var(hp^{e}_{j,t-1})$	0.410*** (2.79)	0.433* (1.90)	0.472* (2.10)	0.429*** (2.99)	0.469* (2.29)	0.546** (2.72)
hp_t	−0.004 2** (−2.21)	−0.003 5 (−1.06)	−0.002 7 (−0.83)	−0.001 8 (−0.76)	−0.053** (−3.04)	−0.048** (−2.74)
dhp_t	−0.045*** (−4.36)	−0.038* (−2.42)	−0.035* (−2.45)	−0.054*** (−4.51)	−0.0529** (−3.04)	−0.0475** (−2.74)
$(\Delta hp_t)^2$	−0.010 4 (−1.52)	−0.001 9 (−0.21)	0.000 192 −0.02	−0.002 0 (−0.26)	0.004 41 −0.42	0.009 2 −0.93
I_t^{news}	−0.064 4** (−2.22)	−0.073** (−2.66)	−0.076 7** (−2.96)	−0.067 3** (−2.39)	−0.079 2* (−2.56)	−0.076 2* (−2.43)
I_t^{SVI}	−0.055 8* (−1.78)	−0.215* (−2.09)	−0.221* (−2.13)	−0.061 3* (−1.94)	−0.226* (−2.17)	−0.236* (−2.20)
$I_{t,pos}^{SVI}$				−0.038 5* (−2.04)	0.09 (1.5)	0.107* (1.72)
$I_{t,neg}^{SVI}$				0.030 8 (0.69)	−0.035 6 (−1.38)	−0.04 (−1.56)
_cons	1.692*** (3.37)	4.052* (2.57)	4.121** (2.58)	1.819*** (3.01)	3.545* (2.38)	3.465* (2.33)
R-sq	0.838	0.73	0.73	0.81	0.73	0.71
N	34	30	30	34	30	30

注：* 表示10% 的置信水平，** 表示5% 的置信水平，*** 表示1% 的置信水平，汇报标准误，*R-sq* 为拟合优度。

进一步，本章考虑不同情绪的百度搜索指数对消费者房价预期偏误进行实证研究。从回归结果中可以看出，负面的情绪依然对消费者预期异质性没有显著的影响，而正面情绪则表现出较为显著的正向影响。这说明了近年来对房价的过度乐观是导致消费者预期有偏的主要原因，也再次说明了积极情绪和负面情绪对消费者有偏性预期的影响存在不对称性。

消费者的预期偏差形成也与其他宏观经济信息不能完全及时地吸收存在一定的相关性。消费者思维的固化也是预期偏差形成的重要原因。预期偏差的滞后性基本维持在0.4~0.6之间，可见消费者习惯性犯错，很难形成完全理性的预期。

6.4.2 基于信息需求的异质性再检验

从表6.4所示的回归结果可以看出，无论是利用OLS回归还是工具变量回归，以百度搜索指数为代表的需求信息都能够为消费者房价预期的异质性提供显著的解释能力，且随着百度指数搜索量的不断增加，消费者信息异质性会不断减小。即当消费者更加积极地获取与房地产市场相关的信息时，消费者更新自身预期速度将加快，从而形成异质性的预期。与报刊新闻的研究保持一致，此时与房价水平相关的变量亦能为消费者房价预期提供显著的解释能力且负向相关，这也间接验证了之前研究的准确性。

进一步，本章考虑不同情绪的百度指数对消费者异质性预期所产生的影响。从回归结果中可以看出，负面的情绪依然对消费者预期异质性没有显著的影响，而正面情绪则表现出较为显著的影响。这一结论与前文保持一致，且证实了第4章中假设2的部分猜想，积极情绪和负面情绪对消费者预期的影响存在不对称性。而“沉默的螺旋”理论在短期房地产市场预期形成中并不完全适用，只有正面的消息能够起到强烈的渲染作用，而负面情绪影响并不显著。

6.5 小　结

本章利用百度搜索指数对消费者房价预期的形成机制做出补充性研究，对消费者房价预期的有偏性和异质性进行再检验。从报刊新闻披露层面进行研究更多地是从信息供给视角考察信息与消费者预期的形成。而从百度搜索指数这一信息需求视角考察信息与消费者预期的形成是信息与消费者预期形成的重要补充。

研究发现，从信息需求层面(百度指数)对预期有偏性进行解读时，百度搜索指数能够对消费的预期偏差有显著的反向作用。这说明相比于报刊新闻而言，消费者的主动搜索行为使得其预期能够形成相对合理的预期，从而减少预期误差。与负面情绪相比，正面情绪更能影响其预期偏误的形成，可见媒体情绪的影响存在着明显的不对称性。从信息需求层面对消费者预期异质性进行解读时，百度搜索指数对消费者预期的异质性有显著的影响，且这种影响是存在明显滞后性的。随着信息报道量的不断增加，消费者预期的异质性逐渐减弱。与负面情绪相比，正面情绪更容易引起消费者对未来房价预期的争议。

第 7 章　媒体信息、房价预期与房地产市场的动态关联性研究

7.1　问题的提出

房地产市场是重要的资本市场，兼具投资和消费的双重属性，其波动一直受到国内外学者的广泛关注。但到目前为止，学术界并没有对房价波动的原因形成一致的结论。人口增长（“婴儿潮”）、收入增加、就业和利率以及过度宽松的信贷以及金融自由化等都是引起房地产市场价格波动的重要原因（Hwang et al.，2006；Glaeser et al.，2012；余华义，2010；罗知 等，2015；Agnello et al.，2011，2018），但这些原因并不能够为房地产市场的异常波动提供完整的解释。

时任住房和城乡建设部部长王蒙徽2018年12月表示，2019年将以稳地价稳房价稳预期为目标，促进房地产市场平稳健康发展。着力建立和完善房地产市场平稳健康发展的长效机制，坚决防范化解房地产市场风险。诺贝尔经济学奖得主席勒指出，人们的过度乐观或悲观情绪、对自我信念的怀疑所导致的从众心理（或称为“羊群效应”）能够为房地产泡沫的破灭提供相对合理的解释。美国金融危机调查委员会曾强调自我加强的正反馈机制加速了房价的高涨及泡沫的破灭。市场参与者的情绪和预期被认为是影响房价变动的重要因素，房地产市场的过度繁荣及衰退最终还要归结到凯恩斯的“动物精神”和非理性繁荣中来（Akerlof et al.，2009；Bao et al.，2017；高波 等，2014；孙伟增 等，2016）。这些事实都指出，寻找非传统住房市场基本面的因素对房地产市场价

格波动进行研究十分必要。

由于早先研究忽视公众投机思维和非理性预期对房地产市场价格波动产生的影响，本章尝试克服上述缺陷，试图论述预期因素的作用机制。需要解释的问题包括：预期能否显著影响房地产市场的价格波动？如何进一步在理论层面刻画预期对房价波动影响机制？在经验层面，个体预期能否对次贷危机中房地产市场泡沫的破灭有显著的解释能力？

房价的长期波动通常被归因于建筑成本和经济基本面，如人口增长（“婴儿潮”）、收入增加、就业和利率等因素（Min et al.，2006）。低利率（Adam et al.，2012）、过度宽松的信贷（Glaeser et al.，2012）以及金融自由化（Favilukis et al.，2017）等都曾是房地产市场波动的主要原因。短期而言，房价的波动则更有可能受行为市场情绪等影响。

除了经济基本面因素外，住房需求还在很大程度上受到“近似预期”的驱动，而短期的供给不能对需求的变化做出快速的反应，从而导致房价短期的波动。主体行为预期会直接影响其对未来房地产市场价格的判断，从而影响其投资行为。

经济系统本是一个由不同行为部分之间相互关联和影响的系统。作为经济体中的个体消费者、企业以及整体经济环境之间存在着强烈的相互关联性。整体的经济环境会影响所有行为者的选择，与此同时，行为者的选择又会影响整体经济环境。金融市场是最典型的行为与经济环境之间发生交互影响的市场。投资者对资产未来的高回报会驱动其对资产的投资需求，与此同时，需求又将驱动资产价格的不断上升，从而实现投资者的高回报需求。将资产市场特定为房地产市场时，则表现在家庭或企业作为行为主体因消费或投资需求对房价产生一定的预期。当这种预期相对乐观时，则会驱动购买需求，使得房价不断高涨，房价的不断上涨进一步印证了个体行为者的乐观预期，从而进一步推动住房需求的上升；而行为主体对房价持有悲观预期时，则会放弃购买或持观望态度，而惜买的行为亦将进一步推动房价下跌，出现了一种反向的自我实现机制。上述情况则表明了预期和宏观经济状况之间的反馈机制。

因而本章尝试着克服早先研究的缺陷——通常忽视了公众的投机思维和非理性预期对房地产市场价格波动所产生的影响，试图证实预期可能是很重要的因素。

7.2 SVAR 模型的设定及识别

7.2.1 SVAR 模型的设定

本章在前文的分析基础上，结合当前的基本国情，重点考察媒体信息、公众预期及房地产市场的波动之间的动态关系。而房地产市场的波动则需要全面考虑价格的波动和交易量的波动。具体而言，研究预期对房地产市场周期性波动实质上是研究预期与房价之间的相互影响。所以在进行相关研究时应当注意，房价预期与实际价格之间应当是相互推动的，具有极强的内生性，不应当仅研究单向影响机制。乐观的预期能够不断地推动房价的上涨，而房价的不断上涨则反过来印证了消费者的乐观预期，从而形成了正向的反馈机制，反之亦然。因此，建立更加严谨的正反馈模型是未来要继续解决的问题。此外，本章将加入货币政策以进一步考虑。

传统的宏观经济学之所以能很好地考虑预期的影响，是一般假定其为理性的。但行为金融学则认为决策者的预期可能并不是理性的，其预期的形成可能是一种独立于基本面的预期。除房价本身以外，影响个体对房价预期的主要因素包括货币供应量、利率等政策调控。之所以在初步估计时并没有将实际的房价加入其中，很大程度上是因为通过回归所获得的残差中只包含了因为价格上涨而导致的预期变化部分，从而为后续的研究提供支撑。

因为预期房价对实际价格及媒体信息报道之间的影响应当是相互推动的，而不是简单的单向关系，因而构建向量自回归模型将能较好地呈现出其相关关系。本章选取短期的 SVAR 模型作为估计模型，之所以没有选择 VAR 构建相关模型是因为其并没有考虑到当期值之间的相互影响。预期、房价及其流动性皆为内生变量，可以建立三者之间的 p 阶 SVAR 模型。

包含 K 个内生变量的 p 阶结构向量自回归模型 SVAR(p) 可以表示为：

$$BY_t = A_1Y_{t\text{-}1} + A_2Y_{t\text{-}2} + A_3Y_{t\text{-}3} + \cdots + A_PY_{t\text{-}p} + \epsilon_{3i,\,t} \tag{7.1}$$

式中，B 为对角线元素为1且可逆的 $K \times K$ 阶方阵，表面各内生变量之间存在当期的相互作用，p 为滞后阶数。为了使得 SVAR 模型能被较好地识别，应该设定 $n \times (n-1)/2$ 个约束条件。

$$Y_t = \begin{bmatrix} lneph_t \\ lnhp_t \\ lnjyl_t \\ I_t^{media} \\ lnm2_t \\ lnr_t \end{bmatrix}, B = \begin{bmatrix} 1 & b_{12} & b_{13} & b_{14} & b_{15} & b_{16} \\ b_{21} & 1 & b_{23} & b_{24} & b_{25} & b_{26} \\ b_{31} & b_{32} & 1 & b_{34} & b_{35} & b_{36} \\ b_{41} & b_{42} & b_{43} & 1 & b_{45} & b_{46} \\ b_{51} & b_{52} & b_{53} & b_{54} & 1 & b_{56} \\ b_{61} & b_{62} & b_{63} & b_{64} & b_{65} & 1 \end{bmatrix}, \epsilon_t = \begin{bmatrix} \epsilon_{1t} \\ \epsilon_{2t} \\ \epsilon_{3t} \\ \epsilon_{4t} \\ \epsilon_{5t} \\ \epsilon_{6t} \end{bmatrix} \tag{7.2}$$

式中，$lnhp_t$ 是指实际房价波动，$lneph_t$ 则表示公众的预期，$lnnews_t$ 表示新闻报道量，$lnjyl_t$ 房地产市场的住房交易量。此外，本章将加入 $lnm2_t$ 所代表的货币供应量和 lnr_t 所代表的基准利率。考察这6个变量之间的内生变动关系，此时 B 为 6×6 阶的方阵。

7.2.2　SVAR 模型的识别

本章中的 SVAR 建模确定6个内生变量，其中包括百城房价格波动、公众预期、货币供应量及基准利率等主要的内生变量，而媒体信息指标主要选取正面情绪得以体现，主要的原因在于通过前面的实证回归结论我们发现正面情绪相对于负面情绪而言更能影响消费者的预期。因此，在对 SVAR 模型进行识别时需要添加 $6 \times (6\text{-}1)/2 = 15$ 个约束。基于国内的基本经济环境，识别条件如下：

(1) 公众在第 t–1 时期形成第 t 时期的房价预期时通常难以及时准确地掌握第 t 期的相关信息，而且宏观经济数据的发布、新闻信息的公布以及货币政策的公告等往往存在一定的滞后性。所以当期的经济环境通常无法对公众未来的房价预期产生影响，即 $b_{12} = b_{13} = b_{14} = b_{15} = b_{16} = 0$。

(2) 当期的货币供应量 $m2$ 和利率等政策变量以及媒体信息报道通常都难以对当期的实际房价波动、房屋交易量会产生显著的影响，故 $b_{25}=b_{26}=0$，$b_{35}=b_{36}=0$。

(3) 央行对货币供应量的调整亦存在一定的时滞性，政策部门做出相应的对策往往是根据前期的经济表现，而不是当期，故 $b_{51}=b_{52}=b_{53}=0$。

(4) 假定央行对利率的调整存在一定的认知时滞，不会因为当期的消费者房价预期而调整，也不会受到当期的媒体信息及其他实际干预变量的影响，即 $b_{61}=b_{62}=b_{63}=0$。

7.2.3 系统稳定性检验

本章的样本期间为2011年8月至2014年10月，包含39个样本量。建立SVAR 模型考察房价波动、购房者信心及媒体信息三者的相关关系中，应当首先确立其滞后阶数。本章选取信息准则 AIC 和 BIC 准则进行相关检验，最后确定 $p=2$。可见本章中存在需要估计的参数过多，而样本量相对有限的问题。因此需要进一步检验 SVAR 模型的系统稳定性。

从图7.1中可以看出，本章建立的 SVAR 模型呈现出明显的系统稳定性。因而可进一步进行脉冲相应的分析。

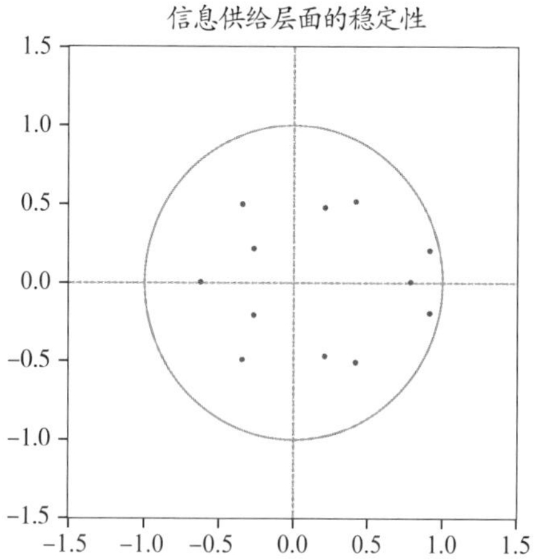

图7.1　SVAR 模型的系统稳定性检验

7.3　数据处理与介绍

从国内现有的研究来看，从预期角度着手考虑其对房价影响的文献在近年内逐渐增加，但对于房价预期值的处理却不尽人意。根据目前我们所能够查找到的相关文献可知，国内对于房价预期形成机制的研究相对不足。通过技术假定获取预期数据虽然为研究提供了一定的便利性，但并不一定符合实际的情况。因此，随着调查数据时间序列的长度不断增加，对房价预期形成机制的具体考察将能够使得国内从预期角度解析房地产市场的研究结论更加严谨。本章将利用《消费者信心调查报告》的预期调查数据进行研究。所涉及的核心变量实际房价的波动、媒体信息报道、消费者的房价预期之间的动态关联性等。上述变量分别在第 3 章和第 4 章有详细介绍，但样本量有一定的差异，为 2011 年 8 月至 2014 年 10 月。

(1) 消费者房价预期。与第 3 章中所用的定性数据转换为定量数据相一致，本章利用王雅炯(2012)改进的 C-P 概率法将《消费者信心调查报告》中的定性数据转换为定量数据，并延长样本期间，扩大样本量。

(2) 实际房价。为与前文保持一致，本章选取的实际房地产价格数据依然是来自中国百城房价的环比数据，全国房价指数 2010 年之后便不再统计。而其他相关房价指数包括 35 个大中城市和 70 个大中城市的相关房价数据，但相关研究发现，这些数据存在涵盖面相对有限而代表性不强的问题。

(3) 媒体的正面情绪。根据第 3 章中的相应方法对报刊新闻的信息进行相应处理以获得信息变量，扩大样本量。因为正面情绪相对于负面情绪而言，消费者的预期形成更加敏感，因而选用正面情绪作为媒体信息的替代。

(4) 货币供应量。媒体信息报道只是获取信息的一部分，实际政策的干预亦可能是影响公众预期的重要组成部分。因此，本章选取部分政策指标作为货币政策的替代。其中 $m2$ 是广义的货币供应量，可以作为央行实际实施货币政策的有效代表，能够同时反映潜在的购买力和政策操作的有效性。

(5) 房地产市场交易量。除了关注实际价格的变化外，对房地产市场交易量的关注亦是必要的，本章选取全国30个大中城市房地产市场交易套数作为交易量的替代变量。考察量变对公众房价预期的影响方式是重要的考察方式。

(6) 利率。除了从货币供应量来考察货币政策的效应外，利率亦具有一定的代表性。常用的利率指标包括一年期基准利率及 Shibor 利率，而相关文献表明，一年期基准利率可靠性更高，且更加符合房地产市场的基准利率，因此本章选取其作为利率的代理变量。

由图7.2可见，整体而言房价预期(消费者对未来6个月房价的预期值)与实际房价变化(未来6个月的实际房价)趋势呈现较高相关性，但并不能完全准确地预测。相对于实际值而言，房价预期值更加敏感。2013年房价增长趋势放缓甚至逐渐呈现出下跌趋势时，消费者的房价预期值依旧在上涨的过程中，可见消费者的房价预期呈现出一定的后顾型特点。由此本章得出一般结论：国内消费者的房价预期有偏，且呈现出一定的适应性。为进一步证实该结论，本章将对预期误差做有偏性检验。

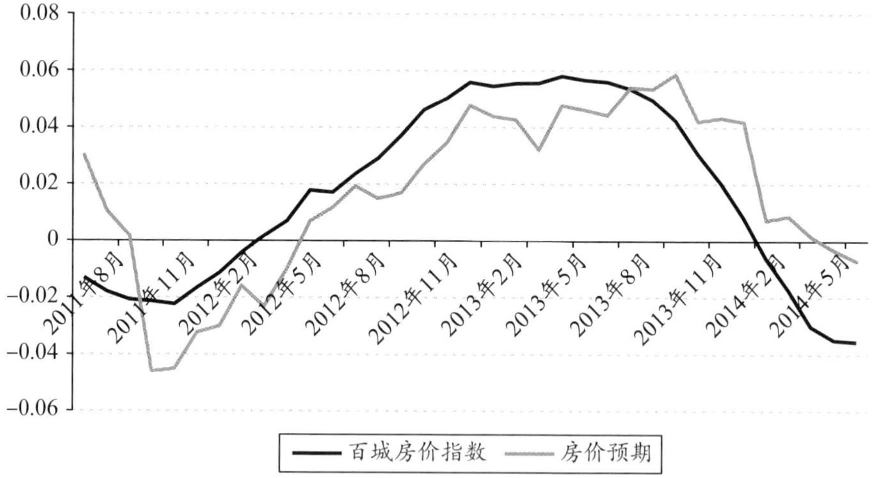

图7.2　2011年8月至2014年12月百城房价6个月环比指数与消费者房价预期变动图

资料来源：国家统计局"消费者信心调查库数据"原始数据分类整理。

为与前文保持一致，所设计的增长数据皆采用环比处理，对其他序列取对数处理以克服变量序列间的异方差性。由于环比数据及房地产开发投资额与商品住宅销售价格等数据具有显著的季节性，在 Eviews 8.0 中对相关变量使用 X-11 方法以剔除季节性。本章之所以并没有考虑信贷作为政策变量的替代主要与本章所选取的样本区间及数据的频率有关。因本章所利用的数据皆为时间序列，在进行回归之前需要利用 ADF 检验验证序列是否平稳。当序列不平稳时，对其进行 VAR 回归容易导致伪回归。结果如表7.1所示，除了实际房价与消费者预期房价外，对于不平稳的序列，本章将进行差分处理。

表7.1　模型主要变量的简单说明及单位根检验结果

变量	阐释	数据来源	单位根检验
$lnhp_t$	实际房价（百城房价指数）	《中国指数研究院》	非平稳
$lneph_t$	消费者对房价的预期数据	《消费者调查数据》	非平稳
$lnjyl_t$	房地产市场的交易量	《中国指数研究院》	平稳
I_t^{media}	正面的媒体情绪	《中国知网报刊数据库》	平稳
$lnm2_t$	货币供应量	Wind 数据库	平稳
lnr_t	市场利率	Wind 数据库	平稳

7.4　媒体信息、公众预期影响房地产市场波动的回归分析

7.4.1　脉冲响应分析

1. 房地产市场波动的脉冲响应结果

从图7.3中第一列可以看出，消费者的房价预期对价格波动和住房交易量的冲击效应是有差异的。消费者房价预期在早期对实际价格的冲击效应并不明显，在第4期后有一定的正向冲击作用，但影响程度有限。反之，消费者房价预期对住房市场的交易量有显著的冲击作用，在初期经历一个短暂的负向冲击之后过渡到正向冲击，并在第3期达到最大反应值。数据说明市场在面临上涨

预期时经历了短暂的观望状态，随后转向集中交易阶段。比较来看，消费者的房价预期对价格波动的影响较小，而对住房市场交易量影响较大。

从图7.3中间的脉冲响应图可以看出正面的媒体情绪对交易量有正向的推动作用，虽然这种影响程度相对较小。对房价的影响经历了负向的推动作用到正向推动作用的转换。媒体情绪对房价及交易量的影响在第10期左右逐渐消失。而从图7.3的右边可以看出货币供应量对住房交易量及房价本身有正向冲击作用，利率则对住房交易量及房价本身有负向的冲击作用。与货币供应量相比，利率对房地产市场的波动影响要更小。

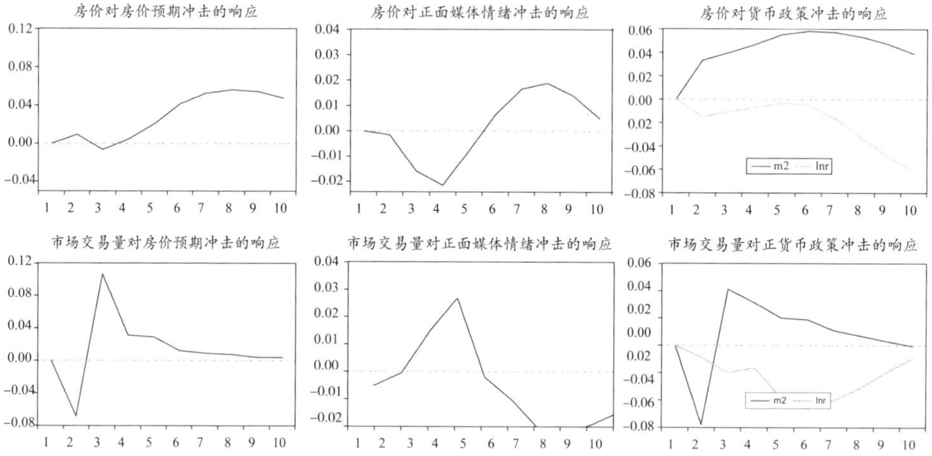

图7.3　房价预期、媒体信息及货币政策对房地产市场波动的脉冲反应

2．消费者房价预期的脉冲反应

从图7.4中可以看出，公众预期对其自身的反应最为强烈和迅速，但在三个月后逐渐消失，说明公众的预期存在着较为强烈的黏性。实际的房价波动和交易量都能够对消费者的房价预期产生正向的冲击，只是这种冲击不够显著。除此以外，媒体信息报道亦对公众的房价预期产生了重要的影响。货币供应量及利率则对消费者预期有一定的时滞性且影响程度较小，可能的原因在于政策变量的公布往往存在滞后性，不容易被消费者及时地收集并形成合理的预期。

3．媒体情绪的脉冲反应

媒体情绪对自身的冲击是最为显著的，在当期即达到了0.04（见图7.5）。而这种冲击随后减弱，在第四期逐渐为0。实际价格和市场交易量都对媒体的正面情绪产生正面的冲击作用，但影响效果并不显著。消费则房价预期亦能够为媒体情绪的波动提供一定的解释能力，只是这种解释能力相对较小。而货币供应量会给媒体正面情绪带来正向的冲击，利率的提高往往会给媒体的正面情绪带来负向的冲击。

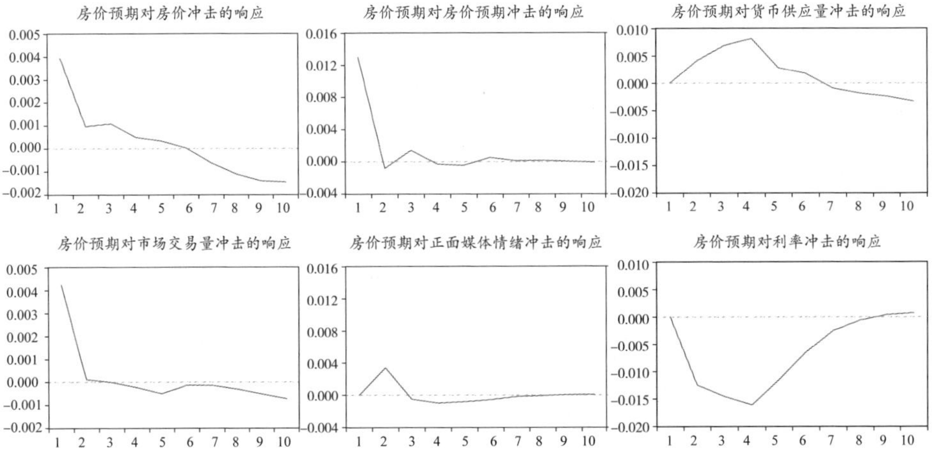

图7.4　不同冲击对房价预期的脉冲反应

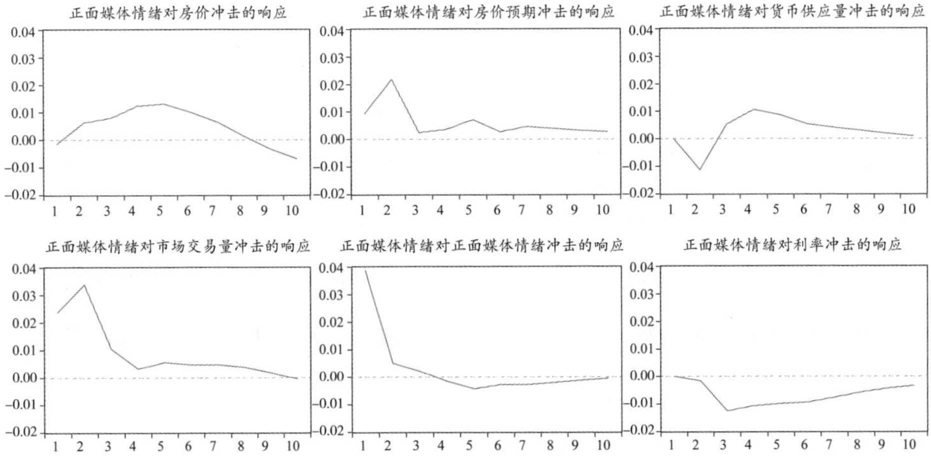

图7.5　不同冲击对报刊信息的脉冲反应

7.4.2 方差分解结果

方差分解主要是对每一个结构冲击如何影响其对应变量的贡献度进行分析，以此评价结构冲击的重要性。本章通过对6个重要的内生变量进行 SVAR模型的分析，重点分析房地产市场的波动、公众预期与媒体信息的波动情况。表7.2给出了各内生变量第10期和第20期的方差分解结果(在第10期各变量的贡献度逐步趋于稳定)。

表7.2 方差分解结果

内生变量	实际房价	交易量	房价预期	报刊信息	货币供应量	利率
第 10 期						
实际房价	63.31%	24.64%	3.67%	0.54%	5.71%	2.12%
交易量	7.61%	56.97%	18.7%	1.91%	7.55%	7.37%
房价预期	9.94%	8.05%	53.14%	24.31%	2.32%	2.24%
报刊信息	10.75%	33.32%	11.94%	27.22%	6.67%	10.08%
第 20 期						
实际房价	59.86%	24.58%	4.00%	0.73%	5.04%	5.04%
交易量	12.50%	54.05%	17.14%	1.75%	7.19%	7.19%
房价预期	11.10%	9.20%	53.42%	23.42%	1.55%	1.19%
报刊信息	16.36%	33.17%	10.92%	23.36%	9.47%	9.47%

从表7.2所示的方差分解结果可以看出，第10期和第20期的方差分解结果差异并不大，说明在第10期各影响因素的贡献度基本稳定。对实际房价而言，自身的贡献度是最大的，达到63.31%。除了房价预期本身以外，房地产市场的交易量对实际房产价格的影响最大，贡献度为24.64%。其次是货币供应量和房价预期的贡献度较大，分别稳定在5.7%和2.12%。与货币供应量相比，利率产生的影响相对较小，这与我国货币政策中的利率并没有完全市场化存在一定的关联性。对交易量而言，自身的贡献度依然是最大的，基本稳定在56.97%。除交易量自身的影响以外，消费者的房价预期对交易量的贡献度最

大，基本稳定在18.7%。可见短期内消费者房价预期更多影响房地产市场的交易量而不是房价。

对消费者的房价预期而言，自我解释能力高达53.14%。正面的媒体情绪对消费者的房价预期的贡献度为24.31%，而房价和房地产市场的交易量分别占据了9.94%和8.05%。利率和货币供应对消费者房价的影响程度很低。可见央行的货币政策并不能对消费者的房价预期产生及时的影响。合理引导当前消费者的预期成为十分重要的任务。对媒体信息报道而言，除了其本身产生的影响外，价格及交易量都能够为其提供相应合理的解释。消费者的房价预期亦在一定程度上引导了媒体情绪的报道。这一结论亦验证了前文中媒体信息报道与消费者房价预期之间存在互为因果关系的猜想。

7.5 小　结

本章利用2011年8月至2014年10月的样本数据对房地产市场的波动、消费者房价预期及媒体情绪的动态机制进行了研究，通过建立SVAR模型进行对应的实证研究。

本章研究发现：

(1)消费者房价预期受实际价格的波动及市场流动性的影响较大，其中媒体情绪的披露(积极的媒体情绪)对消费者预期的形成有正面的冲击作用，而货币供应量对其消费者房价预期产生正面的冲击作用，利率产生负面的冲击作用。但货币供应量和利率等货币政策变量对消费者房价预期的作用并不显著。

(2)短期内，实际房价受到交易量及货币供应量的影响较大，受到消费者房价预期及利率的影响程度较小。而房地产市场交易量受到消费者房价预期的影响程度较大，是除交易量自身以外的贡献度最大的变量。数据说明短期内消费者的房价预期与实际的房价之间亦不存在显著的正反馈机制。

(3)媒体情绪受到房地产市场价格及交易量的正向冲击，亦受到消费者预期的冲击，不同变量对媒体情绪的影响程度差异不大。可见媒体情绪的表达通常也会出现迎合消费者心理预期表现，而不是完全以经济事实为基础进行相应客观的报道。这也与本章在前文有偏性预期的形成中所得出的报刊新闻并不是完全准确的报道相一致。

从本章的分析中可以看出，预期确实能够影响房地产市场的波动，虽然这种波动并不是体现在房价而是体现在交易量之上。可见，合理地引导消费者的预期有利于稳定房地产市场的价格波动。其次，货币政策中的货币供应量和利率的调整不能及时地对消费者的预期产生影响，预期亦难以进行相应调节。

第8章　公众预期与宏观货币政策有效性分析

8.1　问题的提出

2020年5月,《中共中央　国务院关于新时代加快完善社会主义市场经济体制的意见》(以下简称《意见》)发布，明确提出要深化利率市场化改革，健全基本利率和市场化利率体系的要求，提升金融机构自主定价能力。《意见》充分彰显决策层对培育和完善我国利率体系的决心，同时侧面反映了我国利率体系传导机制并不完善。实际上，2015年10月中国人民银行公布对存款利率不再设置浮动上限，意味着我国将近20年的利率市场化改革已基本完成。但不少学者指出我国货币政策传导仍不顺畅，对信贷市场利率的传导更是存在明显阻滞。

事实上，我国金融市场长期以来以间接融资为主，贷款利率依然是中国利率体系中对实体经济影响最深远的目标。然而现有文献多集中于探讨货币政策传导对企业贷款利率的影响，对货币政策如何影响我国住房贷款利率的研究相对缺乏。当前，国际疫情持续蔓延、国内外环境剧烈变化，不确定不稳定因素增多，我国经济发展面临前所未有的调整。理解新形势下我国货币政策如何影响贷款利率传导，为进一步疏通货币政策传导机制和稳定房地产市场发展具有重要的理论及实践意义。

本书将住房贷款利率作为主要的研究对象的具体原因如下：其一，与短中期资金相比，中长期资金的获取在经济复苏的作用更加突出(Black et al.,

2016)，而我国住房贷款利率多为20年以上的中长期贷款利率，理应纳入研究体系；其二，金融市场发展的不完善往往导致短期利率和长期利率存在割裂，长短期利率的有效传导是衡量货币政策传导顺畅的重要标准(袁思思 等，2020)；其三，我国房地产市场是十分重要的资产市场，住房贷款利率的有效调控是保证房地产市场稳定监控发展的重要因素，直接与家庭部门的消费、投资相互关联，明确家庭部门贷款利率传导有利于构建更加稳定和健康的住房调控体系。

图8.1描述了货币政策与利率传导运行趋势，可观测核心变量之间的运行情况。由图可知，整体而言，个人住房贷款利率主要围绕央行基准利率进行波动，市场利率与个人住房贷款利率相关性较低，如2012—2015年间，我国市场利率水平出现较大幅度的波动，但实际个人住房贷款利率基本维持稳定在6.0左右，呈现出一定的刚性。特别是2012年，中央银行多次下调住房贷款利率下限，但海南省住房贷款利率依然维持刚性。2016年后，基准利率几乎固定在4.9%，但商业银行的实际贷款利率却出现上扬的态势。此时，新的LPR利率制度并没有开始实施，市场利率开始一路走高，货币供应量开始紧缩，市场利率的传导效率有所提升。由此可见，我国货币政策的传导机制并不顺畅，实际住房贷款利率存在显著的刚性，但随着利率市场化进程的不断深入有所缓解。

为了更全面地理解我国货币政策传导效率，现有研究多从制度本身出发进行探讨(孙国峰 等，2019)。事实上，良好的政策感知才是货币政策传导顺畅的重要前提。研究者认为提高公众对货币政策的感知有利于减少在经济金融环境中的不确定性，进一步帮助家庭或企业做出正确的决定(Bernanke，2010；Ricks，2016)。决策层亦充分认识到行为主体在金融市场中的作用，2018年7月我国金融发展委员会中即提出“充分调动金融领域中人的积极性”。可见对市场参与主体的关注是未来研究金融市场和政策调控的重要领域。然而，现有文献多聚焦于企业或消费者信心的研究，银行家作为金融市场中重要的参与者往往被忽视。事实上，作为信贷市场中供给方，银行家在货币政策传导中具有重要作用。

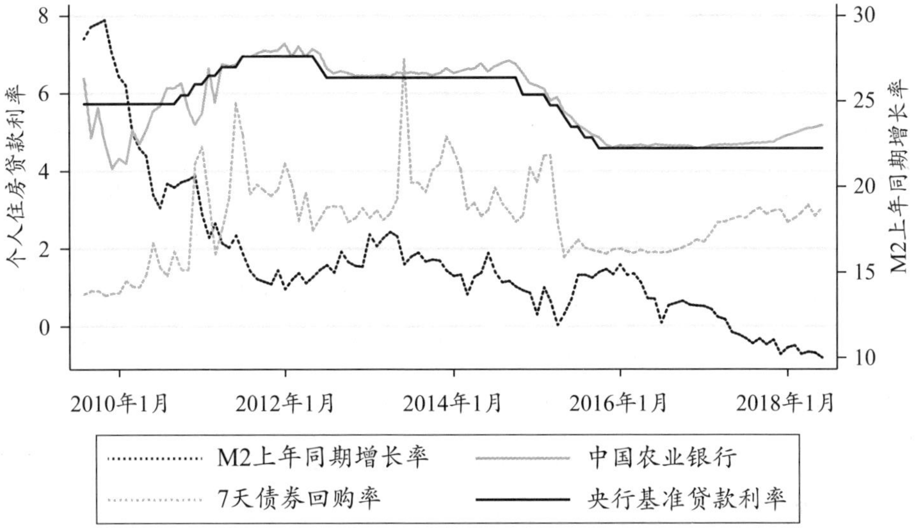

图8.1　货币政策与利率传导

本章试图从动态的视角考虑货币政策对我国地区性住房贷款利率的传导机制，进一步充分识别银行家政策感知在货币市场利率传导中的时变特征。本章建立了实证模型，主要围绕三个问题展开：第一，何种货币政策规则能够有效引导地区性住房贷款利率传导？第二，不同时期及不同时点的货币政策传导是否存在差异？第三，银行家对货币政策的感知能否影响住房贷款利率？

本章结构安排如下：第一部分，阐述研究背景和意义；第二部分，对国内外文献进行有效梳理，并找出现有文献的不足及本书可能的贡献点；第三部分，对模型的构建；第四部分，数据的描述及分析；第五部分，基本的实证结论，探讨货币政策对住房贷款利率的非线性传导过程；第六部分，结论。

8.2　文献回顾及贡献

提高货币政策传导效率、实现政策对利率的有效调控进而影响实体经济是货币政策的最终目标。本章将从不同政策规则下的货币政策研究的发展脉络、方法差异及阻滞原因三个视角出发进行文献回归，找出现有文献的不足和本章可能的贡献点。

第一类文献，货币政策有效性分析之发展脉络：数量型还是价格型。20世纪80年代，价格型政策工具在国外发达经济体中取得极大成功。价格型政策工具能够对市场利率发挥较好的调节效应并进一步影响实体经济，更重要的是利率型政策工具比数量型政策工具更加透明，能够向市场传递有效信息并进一步引导公众预期（Calvo et al.，1999）。彼时，中国尚处于改革开放的初级阶段，市场经济体系并不发达，金融市场发展更不完善。自1998年后，中国人民银行将货币供应量视为有效的中介指标，能够实现对宏观经济的有效调控，且中国实体经济主要是受到广义货币供应量影响（蒋瑛琨 等，2005；Liu et al.，2010；吴吉林 等，2015）。与国外使用较为单一的货币政策不同，鉴于我国货币市场发展并不完善，数量型政策工具和价格型政策工具被同时使用（Zhang，2009；伍戈 等，2016）。2008年后，货币政策利率传导有效性成为研究热点。一方面，金融危机的爆发致使西方发达国家的利率传导陷入困境，如何提高利率传导效率引发广泛关注（Gertler et al.，2015）。另一方面，多数研究表明，数量型政策工具与实体经济指标之间的相关性明显减弱，致使短期利率过度波动（马文涛，2011；马骏 等，2016；陈彦斌 等，2015；郭豫媚 等，2018）。为验证货币利率政策传导的有效性，国内研究者开始着力刻画市场利率对存贷利率市场或金融资产市场的影响机制。钱雪松等（2015）探究了中国货币政策传导有效性问题，发现货币政策对企业委托贷款利率施加了显著影响，同业拆借利率为中介变量。王博等（2019）从利率市场化改革的视角阐述货币政策对民间借贷和网络借贷利率传导机制，发现货币政策利率传导有效。事实上，我国长期使用“数量型”调控方式所造成的路径依赖以及利率双轨使得“价格型”调控方式不能一蹴而就，数量型货币政策工具并不能完全被取代（徐忠，2018；杨利雄 等，2019）。张龙等（2020）指出不能依靠单一的政策规则调控经济，总量型调控和结构型调控应该有效结合以应对当前经济发展低迷的问题，有效衡量货币政策传导效率及科学合理地制定货币政策规则以应对危机成为关键。

第二类文献，货币政策有效性分析之研究方法差异：线性到非线性。在理论研究层面，早期研究多以希克斯－汉森模型为主要切入点，探究不同货币政策规则对实体经济所产生的冲击（Poole，1970），但该方法因缺乏微观基础而受到广泛质疑。Kydland 等（1982）提出动态随机一般均衡模型，该模型因赋予了一定微观基础而在宏观经济研究中广泛盛行。全球金融危机后，动态随机均衡模型在分析货币政策效率时被广泛运用，该模型解决了货币政策传导中的核心问题，即货币政策冲击所产生的影响（Gali et al.，2008；Zhang，2009；Christiano et al.，2010）。近年来，国内学者利用动态随机均衡模型对货币政策的有效性进行了多角度验证，肯定了货币政策对实体经济的显著影响，但并没有得到一致结论。马文涛（2011）分析了 1995—2009 年货币政策的调控效果，认为价格型工具要强于数量型工具。但张龙等（2020）提出时变动态随机均衡模型，认为价格型货币政策在中长期有效，而数量型货币政策工具在短期内有效。在经验研究层面，国内外学者利用不同的数据和方法对货币政策有效性进行了实证分析。早期文献多利用宏观 VAR 模型考察货币政策的冲击效应，但 VAR 模型中经济行为的概念不容易被观测。为了解决这一问题，提出因子扩展的 VAR 模型，该模型因充分识别了不可观测因素在货币政策中得到了广泛的使用（Fernald et al.，2014；欧阳志刚 等，2017）。随着研究的不断推进，更多学者意识到货币政策有效性呈现出显著的非线性特征。如张龙等（2020）指出，当前文献多忽视了货币政策非线性特征，导致对货币政策的本质认识相对模糊。

第三类文献，货币政策传导阻滞之原因分析：制度差异还是政策感知。在分析货币政策传导不畅的原因方面，金融市场发展的不完善所导致的“利率双轨制”被认为是利率传导不畅的主要原因，即便利率市场化已基本完成，但央行依然公布存贷款基准利率，导致我国存贷款利率依然基本锚定央行所公布的基准利率，而缺乏对货币市场利率的反应，实际贷款利率依旧紧密围绕基准利率波动（何东 等，2011；张勇 等，2014；孙国峰 等，2019）。另一部分文献选择银行间竞争程度、市场化利率体系不健全及不同市场之间存在显著分割作为主要切入口(孙国峰 等，2017；郭豫媚 等，2016)。整体而言，上述文献多关注制度因素所引起的货币政策疏通不畅。事实上，央行信心的传递通常比实际的货币政策实施更重要，如何加强前瞻性指引是中央银行未来利率传导路径需要重点关注的问题(Morris et al.，2018；郭豫媚 等，2018)。市场参与者和政策观察者对货币政策的清晰感知是实现前瞻性指导的前提，若宽松或紧缩的货币政策无法有效地被感知，则政策效果理所当然会大打折扣。Carvalho 等(2014)利用预期调查数据刻画了消费者对货币政策的感知和理解，发现政策传导并不顺畅。国内学者更多关注企业家和消费者信心在货币政策传导中的作用，如陈彦斌等(2009)较早关注了信心对中国宏观经济波动阐述的影响，认为企业家信心对宏观经济波动更加敏感，而消费者信心影响不显著。更多学者开始关注企业家信心在货币政策传导中的作用及其对实体经济所产生的影响(张成思 等，2018；刘晓君 等，2019)。事实上，企业家和消费者信心更多体现的是货币需求方的情绪，货币供给方通常被忽视。

综上所述，以上研究对我国货币政策规则以及当前货币政策传导阻滞进行了详细地分析，但仍存在可进一步探讨的地方：一是在研究内容上，有关货币政策传导效率的研究颇为丰富，但结论依然存在争议，且现有文献多关注短期企业贷款利率传导，而对中长期家庭住房贷款利率传导效率研究不足；二是在研究方法上，囿于数据的缺失，当前大多数文献都选择宏观加权平均利率水平来量化贷款利率，但很多实际信息被平均化，且通常容易忽视利率市场化改革制度背景下的非线性影响因素；三是在研究视角上，对于货币市场利率传导不畅的原因分析中，多忽视了银行家作为金融市场重要参与者所扮演的角色，以及其在货币政策传导的作用。

本章的贡献主要包括三个方面：一是不同于以往文献多关注短中期贷款利率的传导机制研究，本章利用海南省中长期住房贷款数据，着力刻画货币政策对我国区域性住房贷款利率所产生的影响，丰富了利率传导机制的层次。二是区别以往文献中以严格的参数设置为前提设定模型，本书充分考虑我国经济转型期背景，以非线性模型识别不同时期和时点货币政策对贷款利率影响的差异。三是将银行家情绪纳入研究内容，探究主观心理感知在货币政策对贷款利率传导及定价过程所产生的影响，为理解银行家在货币政策传导中的重要地位提供实证依据，丰富了研究货币传导效率的视角。

8.3　理论分析与实证模型构建

8.3.1　理论分析

我国房地产市场是重要的资产市场，支撑国家经济不断腾飞。货币政策对房地产市场的调控受到广泛关注，但多关注信贷市场在调控政策中所起的作用。事实上，货币政策对房地产市场的调控存在多条路径，利率渠道亦是不可忽视的重要因素，特别是字母型货币政策工具的广泛运用，进一步推动了价格型货币政策工具的发展。维持房地产市场健康平稳发展成为近年来房地产调控的主旋律，利率传导的有效性是实现这一目标的重要途径。货币政策影响实际住房贷款利率通常通过以下两条路径：

1．直接效应：货币政策影响住房贷款利率的途径

货币政策可区分为数量型货币政策和价格型货币政策，两者皆可能影响贷款利率。一般而言，利率市场化的完成意味着货币政策能够通过短期利率得到有效调控，我国利率体系长时期内包括两大类——以存贷款基准利率为代表的管制利率和以银行间同业拆借利率为代表的市场利率。一方面，若货币需求不改变的情况下，通常较为宽松的货币政策会增加货币供应量，从而导致利率水平降低。另一方面，当市场利率不断下调时，完善的货币政策传导机制使得市场利率能够被有效传导到信贷市场，房地产利率亦会有效下降。反之住房贷款利率的降低将会增加货币需求。

2．间接效应：货币政策影响银行家政策感知进而影响住房贷款利率的途径

货币政策同样可以通过影响银行家政策感知传导以进一步影响房贷利率。

作为金融市场重要的参与者，银行家是政策实施的直接受体。若银行家无法准确感知政策意图，则极有可能做出错误的判断，进而影响货币政策的有效实施。此时，货币政策的有效传导需要两个重要环节：其一，货币政策能够被银行家准确感知，货币供应量的增加和利率的降低皆传导了较为宽松的货币政策信心；其二，银行家是否根据自身对货币政策的感知做出决定，若银行家已正确感知货币政策意图，但无法有效传导到具体贷款定价过程中，则货币政策依然无法有效传导到实际贷款利率中（见图8.2）。

综上，货币政策即可以通过实际利率影响住房贷款利率，又可以通过间接贷款利率影响住房贷款利率，但鲜有文献将银行家政策感知纳入研究框架。因此，本书将货币政策、银行家政策感知与住房贷款利率纳入统一框架，充分结合我国市场化改革背景构建时变参数向量自回归模型。检验货币政策冲击对中长期住房贷款利率影响的时变性特征。

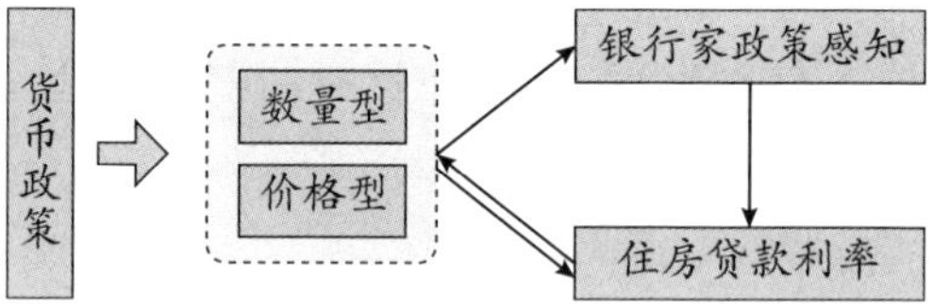

图8.2 货币政策影响住房贷款利率的途径分析

8.3.2 实证模型

传统 VAR 模型中，其估计系数通常为常数，这一限制无法很好地诠释在系统发生结构性突变时，不同变量之间可能存在的非线性关联。近30年来，我国货币政策出现了较大变革，利率市场化亦在快速推进，利用常数估计系数难以发现货币政策传导效率的本质，而时变参数假定参数随机波动，更能捕捉各个经济变量在不同时代背景下所具有的关系和特征。因此，与王博等（2019）的研究方法一致，本章使用时变参数向量自回归模型展开研究，分析我国货币政策对中长期个人住房贷款利率的传导过程的非线性动态机制，以便准确观测在不同时点和期限各经济变量之间的相互作用。

标准的结构 VAR 模型如下：

$$Ay_t = F_1 y_{t-1} + \ldots + F_s y_{t-s} + u_{t-1}, \quad t = s+1, \cdots, n \tag{8.1}$$

式中，y_t 是包含了 k 个内生变量的 $k \times 1$ 维观测向量，A 是 $k \times k$ 维系数矩阵，F_1 和 F_s 是 $k \times 1$ 维待估系数举证，u_t 为 $k \times 1$ 维的结构冲击矩阵，且 $u_t \sim (0, \Sigma\Sigma)$，而 Σ 表达式如下：

$$\sum = \begin{bmatrix} \delta_t & 0 & \cdots & 0 \\ 0 & \ddots & \ddots & \vdots \\ \vdots & \ddots & \ddots & 0 \\ 0 & \cdots & 0 & \delta_k \end{bmatrix}$$

同时假定 A 为下三角矩阵，即

$$\boldsymbol{A} = \begin{bmatrix} 1 & 0 & 0 \cdot & \\ a_{21} & \ddots & \ddots & \vdots \\ \vdots & \ddots & 0 \ddots & \\ 0 & \cdots & a_k, a_{k-1} & 1 \end{bmatrix}$$

进一步将模型进行移项变形，简化为下式：

$$y_t = B_1 y_{t-1} + \cdots + B_s y_{t-s} + A_t^{-1} \textstyle\sum_t \varepsilon_t, \, t = s+1, \cdots, n \tag{8.2}$$

此时，$B_i = A_t^{-1} F_i$，$\varepsilon_s \sim N(0, I_k)$ 将系数矩阵 B_i 按照元素堆积，并进一步定义 $X_i = I_i \otimes (y_{t-1}, \cdots, y_{t-z})$，其中 $\otimes$ 表示 Kronecker 积，模型可进一步转变为

$$y_t = X_t \beta_t + A_t^{-1} \sum\nolimits_t \varepsilon_{t-s}, \quad t = s+1, \cdots, n \tag{8.3}$$

在传统模型中，我们通常假定（β_t、A 和 $\sum$）是不变的，本书将参数设定为一阶游走过程，将上述模型扩展为带估参数随时间变化的时变参数向量自回归模型：

$$\beta_{t+1} = \beta_t + u_{\beta t} \tag{8.4}$$

$$a_{t+1} = a_t + u_{at} \tag{8.5}$$

$$h_{t+1} = h_t + u_{ht} \tag{8.6}$$

其中，所有时变参数服从一阶随机游走过程，y_t 包括货币市场利率、银行家信心指数、个人住房贷款利率和货币供应量，进一步采用马尔科夫链的蒙特

卡洛方法对时变参数向量自回归模型展开估计。

8.4 变量界定与特征事实分析

8.4.1 数据来源及变量界定

本书使用的核心数据包括货币市场利率、五年期以上贷款基准利率、中长期住房贷款利率，货币供应量和银行家对货币政策的感知，变量的界定如表8.1所示，样本区间为2009年7月至2018年6月的月度数据。货币政策的感知数据来自中国人民银行发布的《全国银行家信心调查问卷报告》，中长期住房贷款利率来自中国农业银行海南省分行，其他数据主要来自国泰安数据库及万德数据库。为消除季节趋势的影响，本书利用 Census X-12方法对部分变量进行季节性调整。

1. 中长期贷款利率的选择

本书利用来自中国农业银行海南省分行的个人住房贷款利率进行研究，该数据涵盖了2001—2018年以来海南省所发放的个人住房按揭贷款的全部数据，为保持数据的连续性，本书选择2009年8月至2018年6月为样本期，该期间总样本量为20 660笔贷款数据。

2. 货币政策变量的选择

货币政策的量化，主要分为数量型政策工具和价格政策工具。与庄子罐等（2016）和李成刚等（2020）保持一致，本书中涉及的数量型货币政策工具主要选择 M2同比增长率进行量化。在稳健性检验中，我们将信贷规模替代 M2增长率，以检验结果的稳健性（见表8.1）。

价格型（利率）政策工具则主要选择银行间同业拆借利率（Shanghai Interbank Offered Rate，Shibor），以及5年以上贷款基准利率来量化市场利率，上述利率被认为是最具代表性的利率指标。中央银行政策执行报告曾指出，银行间7天质押回购率能够更好地反映银行体系流动性松紧状况，对于培育市场基准利率有积极作用。

表8.1　变量界定

变量名称	变量定义	数据来源
Shibor	同业拆借利率	Wind 数据
lbr_t	央行基准利率	Wind 数据
hlr_t	住房贷款利率	海南省中央银行
$m2_t$	货币供应量增长率	Wind 数据
dlgz	货币政策感受	中国人民银行

3．银行家货币政策感知

货币政策感知的量化，本书获取了2009年第二季度至2018年第三季度的全国银行家问卷调查报告。该数据是由中国人民银行与国家统计局共同合作完成的一项制度性季度统计调查。调查采用全面调查和抽样调查的方式，对我国境内地级市以上的各类银行机构采用全面调查，调查对象主要是对全国各类银行机构的总部负责人及各分支机构的行长或副行长进行相关调查，调查一般在季度末尾完成。报告中包含银行家宏观信心指数、银行业景气指数、货币政策感受指数和货币需求指数等指标。为与其他月度数据相匹配，本书将季度数据转换成月度数据，对于缺失值，选择插值法补齐。本书选取的指数主要是货币政策感受指数，即银行家对货币政策宽松程度的感知。

8.4.2　单位根检验

本书将对主要变量进行平稳性检验，如表8.2所示。住房贷款利率 hlr_t、货币供应量（$m2_t$）、央行5年期以上基准利率（lbr_t）和银行家信心指数（$Pperce_t$）皆无法在10%的显著水平下通过检验，和同业拆借利率（$shibor_t$）等货币市场利率均通过了平稳性检验。为保证序列的平稳性，将进一步对不平稳的序列进行差分处理，处理后的序列均在5%的显著水平下平稳。然而，TVP-VAR模型并不要求数据的平稳性，因此本书并未利用差分的数据纳入回归模型。

表8.2 变量单位根检验

变量	5% 临界值	10% 临界值	ADF 值	结论
hlr_t	−2.89	−2.58	−1.77	不平稳
lbr_t	−2.89	−2.58	0.16	不平稳
$m2_t$	−2.89	−2.58	−3.02	平稳
$shibor_t$	−2.89	−2.58	−4.10	平稳
gz_t	−2.89	−2.58	−2.007	不平稳
$dlhlr_t$	−2.89	−2.58	−15.94	平稳
$dlbr_t$	−2.89	−2.58	−8.84	平稳
$dlgz$	−2.89	−2.58	−3.551	平稳

为进一步观察我国商业银行贷款利率彻底放开前后货币政策对中长期贷款的影响，我们通过构建散点图进行分析。总体而言，无论是贷款利率放开前还是贷款利率放开后，市场利率与住房贷款利率拟合度不高，具体来看，图8.3中显示，贷款利率被彻底放开以前，以7天回购协议为代表的市场利率与住房贷款利率的散点图拟合线相对平缓。而贷款利率放开滞后，市场利率的解释能力有所加强，拟合线变得更加陡峭，本书将在实证分析中进一步分析。

8.5 货币政策对住房贷款利率传导分析——基于时变参数向量自回归模型

8.5.1 时变参数向量自回归模型参数估计

本书使用 Matlab 软件对时变参数向量自回归模型进行模拟检验，使用蒙特卡洛算法进行模型估计，20 000次抽样，并舍弃了前2 000次的预烧抽样结果，以保证获取的样本并不依赖于初始值的选取。根据 AIC 信息准则得出模型的最优滞后阶数是2期。表8.3给出了模型估计中部分参数估计结果，其中无效因子主要体现模拟过程中所产生的不相关样本的个数，该值越小则样本

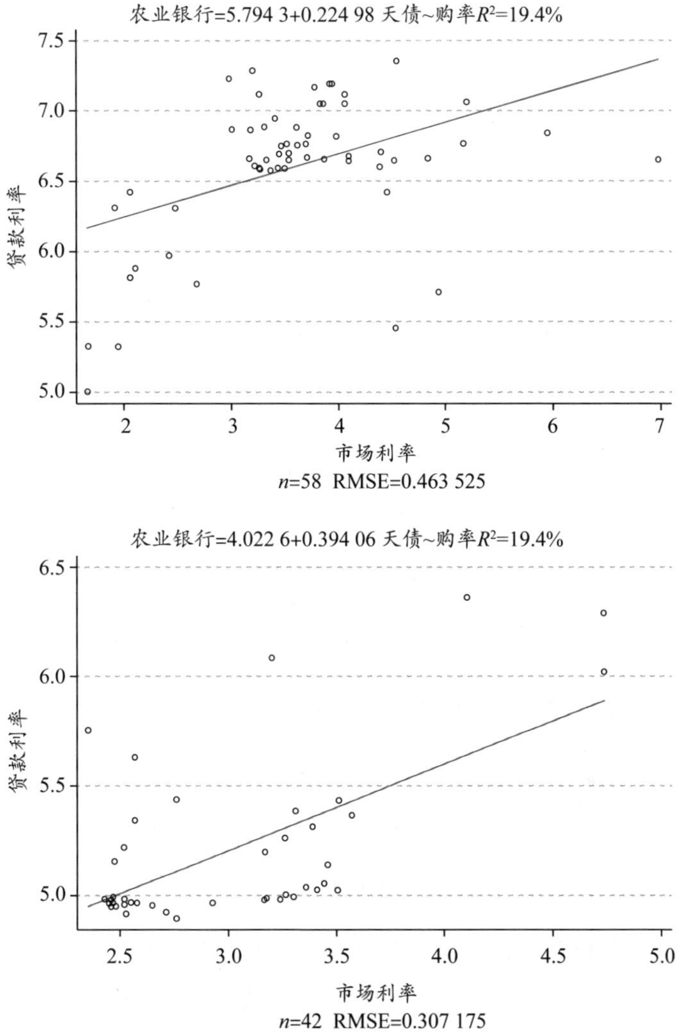

图8.3　市场利率与住房贷款利率散点图

越有效，Geweke 值则判断收敛性。由表8.3可知，各参数后验分布均处在95%的置信区间以内，且 Geweke 值较低，说明参数能够有效收敛。而无效因子值最大值为25.48，说明模拟整体模拟效果较好。

表8.3 时变参数向量自回归模型参数估计结果

参数	均值	标准差	95% 置信区间	Geweke 值	无效因子
Sb1	0.002 3	0.000 3	[0.001 8 0.002 9]	0.841	8.46
Sb2	0.002 3	0.000 3	[0.001 8 0.002 9]	0.371	10.06
Sa1	0.005 5	0.001 6	[0.003 4 0.009 3]	0.047	27.08
Sa2	0.005 5	0.001 6	[0.003 4 0.009 1]	0.576	16.66
Sh1	0.283 6	0.082 4	[0.160 5 0.475 4]	0.534	26.10
Sh2	0.005 5	0.001 5	[0.003 4 0.011 3]	0.446	25.48

图8.4分别表示自相关系数、样本收敛轨迹及后验密度分布图。如图所示，自相关系数会随着模拟次数增加最终收敛于0，说明抽样有效性较好。蒙特卡洛算法能较好地模拟参数分布状况。以上分析均指出，本书适合采用时变参数向量自回归模型进行相关估计。

8.5.2 不同提前期限的脉冲响应分析

这部分主要关注不同时期货币政策对贷款利率的动态响应结果，因本书主要选取的是月度数据，则选择提前1期(1个月)、5期(5个月)和10期(10个月)分别代表短期、中期和长期三个不同阶段所产生的影响。

1. 不控制基准利率的时变参数向量自回归模型分析

图8.5中左图描述了数量型政策工具冲击对住房贷款利率所产生的影响。总体来看，短期、中期和长期内一个标准差正向货币供应量对住房贷款利率的影响是负向的，但这种影响整体冲击力度并不大，且出现逐渐减弱的趋势，波动幅度在(–0.000 4, 0)之间。具体而言，滞后2期的货币供应量冲击对住房贷款利率的波动区间在[–0.000 5, –0.002 5]之间，而滞后4期和8期的波动区间在[–0.000 3, –0.0001]之间，说明短期内货币供应量的增加容易导致利率的下降，但中长期内伴随货币需求的上升，这种负向冲击会逐渐减弱，该结论与经济理论较为相符。

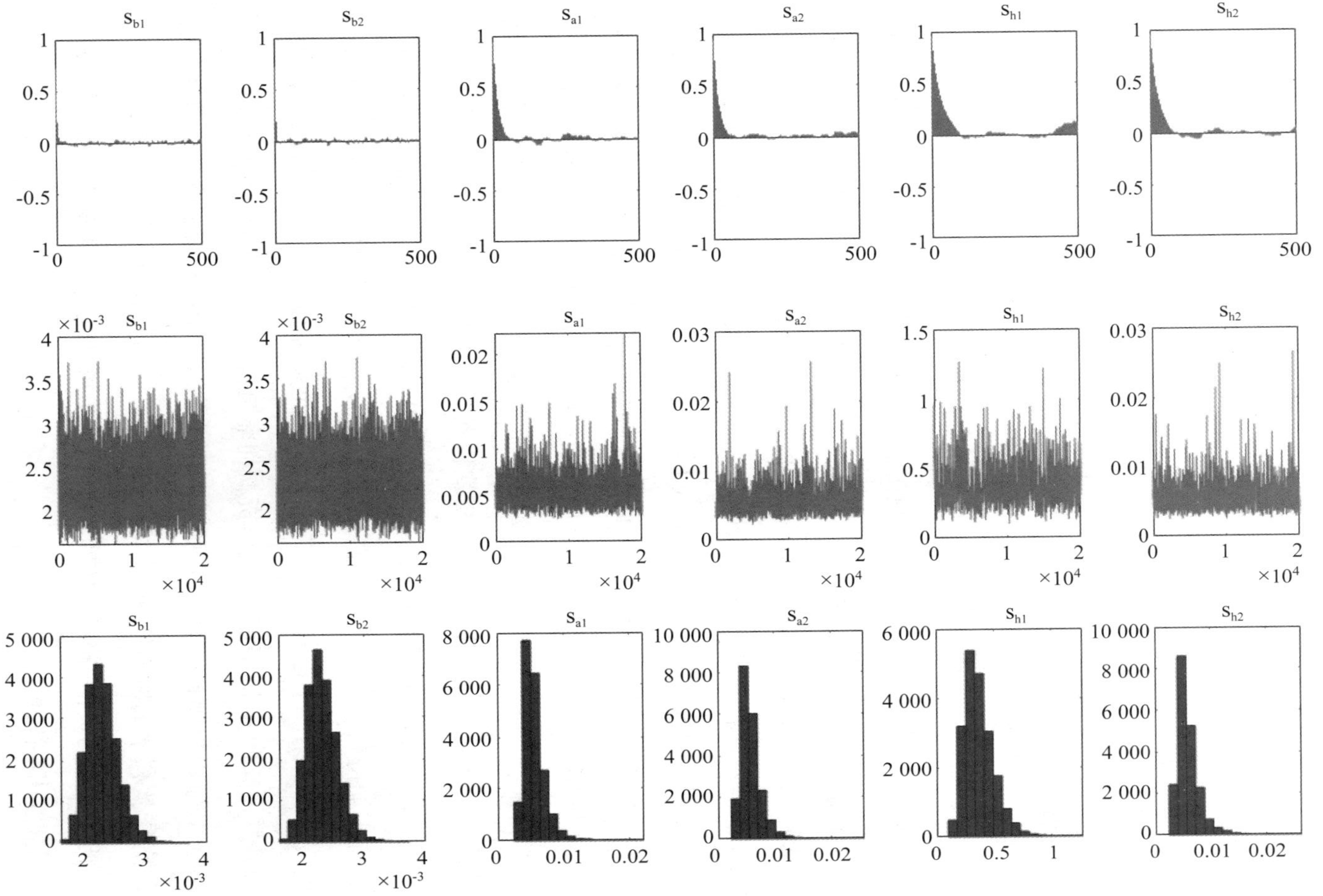

图8.4　样本自相关图、样本路径和后验密度分布图

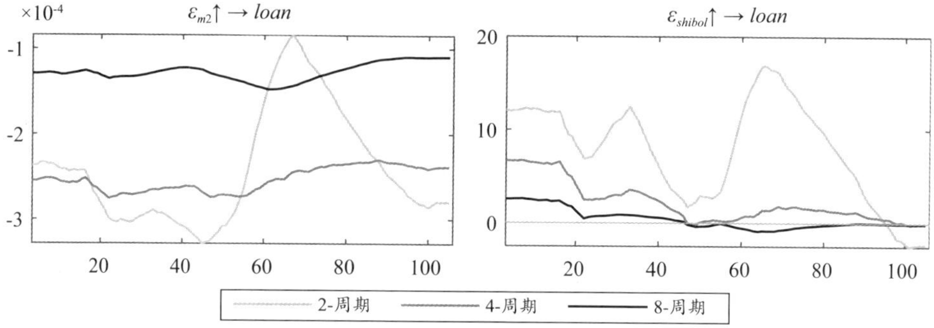

图8.5　货币供应量对实际贷款利率的冲击

图8.5中右图描述了价格型政策工具冲击对住房贷款利率所产生的影响。总体来看，短期、中期和长期内一个标准差正向货币市场利率对房贷利率存在正向影响，且中长期冲击与短期冲击相比存在显著差异，短期市场利率提升能够引起住房贷款利率显著增加。具体而言，滞后2期的价格型货币政策冲击对住房贷款利率的波动区间在 [–0.000 5, 0.015] 之间，而滞后4期和8期的波动区间在 [0, –0.000 5] 之间，说明短期内市场利率的提高能较好地被传导到其利率市场，但中长期内货币市场利率传导性相对较弱，且整体趋势会不断减弱。

综合来看，在不考虑基准利率所施加的影响时，市场利率对住房贷款利率的冲击要强于货币供应量对住房贷款利率的冲击，这与国内众多学术文献研究保持一致(马骏 等，2016；张龙 等，2020)，货币供应量对贷款利率所施加的影响更加持久。2012年，贷款基准利率不断下调，此时短期利率对贷款利率的传导出现第一个正向的小高峰，但随之而来的2013年7月，贷款利率的全面放开并没有增强市场利率对住房贷款利率的有效传导。随着利率市场化的逐步推进，利率的传导作用有所加强。而作为数量型货币政策工具，货币供应量对住房贷款利率的冲击似乎相对平稳，2014—2016年间，货币供应量与住房贷款利率之间的负相关性明显减弱，此时房价进入快速上升通道，货币供应量的调控能力相对较弱。

图8.6描述了货币政策感知对住房贷款利率市场冲击所产生的影响。总体

来看，短期、中期和长期内一个标准差正向货币政策感知对贷款利率存在负向影响，这种影响整体而言是不断减弱的，波动幅度在(–0.001 5, –0.000 5)之间。可见，当感知到货币政策越宽松时，银行家越倾向降低住房贷款利率，以获取更多的住房贷款业务，这与经济理论是相符合的，但不同期限的冲击存在较大差异。具体而言，短中期政策感知对住房贷款利率所施加的影响更加显著，而滞后8期的长期响应波动区间在 [–0.001, –0.000 5] 之间，而长期影响强度较弱。

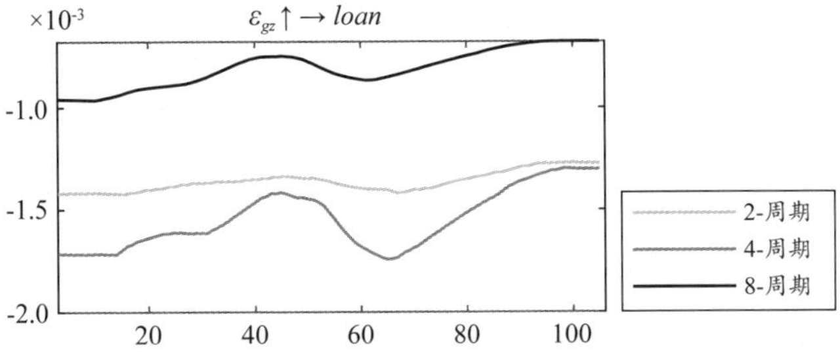

图8.6　货币政策感知对住房贷款利率的冲击

进一步地，我们考虑货币政策对银行家政策感知所产生的冲击。从图8.6中可见，银行家对货币政策的感知能够有效传递到住房贷款利率市场。由此，银行家能否准确地感知货币政策成为货币政策传导有效性的关键。总体而言，如图8.7所示，货币市场利率和货币供应量都对银行家信心产生了冲击，货币供应量施加负向冲击，市场利率所施加的政策感知却无明显趋势。具体来看，货币供应量在短期内对银行家施加正向冲击，其响应波动区间在 [0.003，0.004] 之间，货币供应量能较好地做好政策指引工作。反之市场利率对政策的感知虽为负向，但这种影响很快收敛于0，这与经典文献中认为利率传导比货币供应量更能被公众感知的结论并不一致，特别是中长期市场利率对货币政策感知则更不显著。这一结论可能与我国长期以来实施的数量型政策目标所形成的路径依赖存在密切关联。由此可以推想，货币政策传导不畅的一部分原因是因为银行家对政策感知并不清晰。

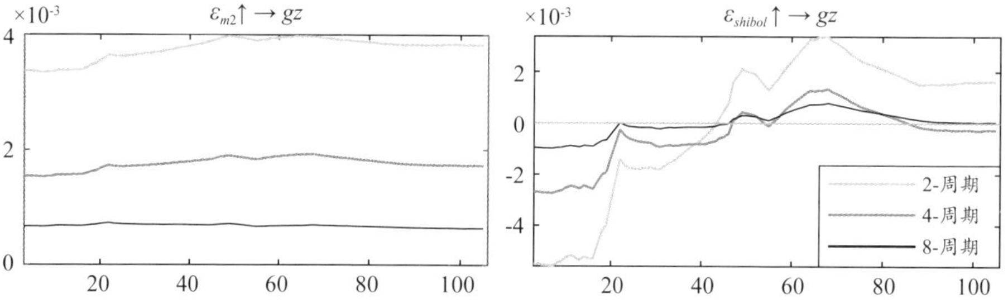

图8.7　货币政策对银行家政策感知的冲击

2. 控制基准利率的时变参数向量自回归模型分析

为充分结合现实背景，本书将进一步控制基准利率，以观察不同货币政策规则对房贷利率的传导效应。总体来看，图8.8中呈现了不同货币政策规则、政策感知以及基准利率对住房贷款利率所产生的冲击。从第一行左图可知，短期货币供应量对贷款利率的冲击初期为正向影响，但随后这种影响不断减弱，而长期货币供应量对贷款所施加的影响相对微弱，在0值上下波动。货币政策感知以及货币市场利率等变量对住房贷款利率的影响有一定减弱。而一个标准

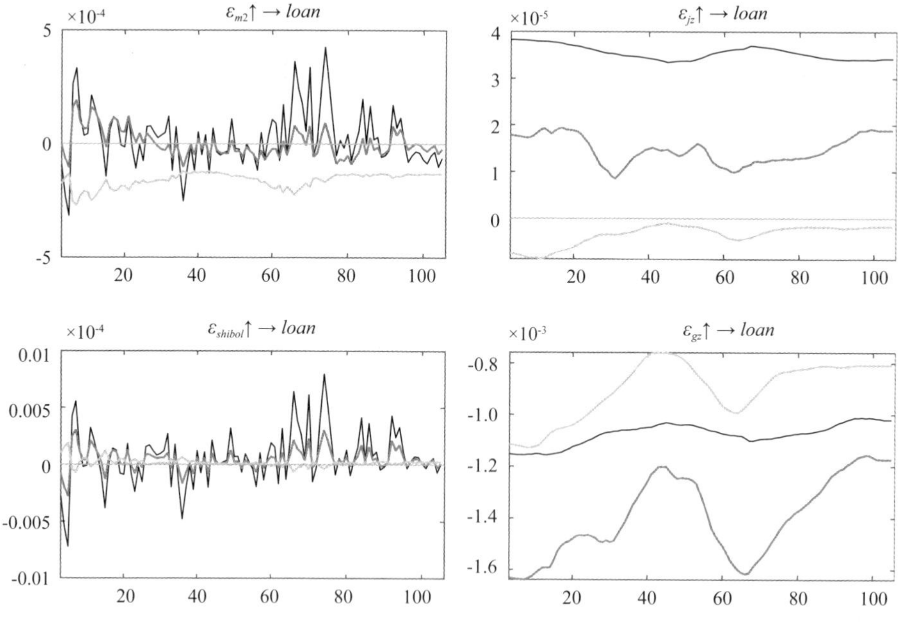

图8.8　控制贷款基准利率情境下的货币政策冲击

差的基准利率对住房贷款利率存在显著的正向影响，这与我们初始判断一致，当前我国商业银行贷款利率对央行所公布的基准贷款利率有较强的依赖性，即基准利率是银行进行房贷利率定价时重点关注的问题，这种影响在中长期依然有效，只是随着时间的延长而不断减弱。此时，作为价格型政策工具的市场利率对住房贷款利率的影响被弱化，说明价格型政策工具传导存在明显阻滞。

8.5.3　不同时点的脉冲响应分析

根据上文的分析可知，不同货币政策规则对住房贷款利率的冲击存在显著差异，且银行家对货币政策的感知会间接影响货币政策的传导效率。为推进利率市场化改革，实现货币政策框架的“量价”转型，中央银行做出了一系列努力。2012 年，中国人民多次下调贷款利率下限，并于 2013 年 7 月彻底放开贷款利率下限。自 2014 年起，我国中央银行连续推出了常备借贷便利（standing lending facility，SLF）、中期借贷便利（medium-term lending facility，MLF）和抵押补充贷款（pledged supplementary lending，PSL）等“字母型”货币政策工具，试图将新型货币政策工具纳入中央银行构建利率走廊体系的框架中。2015 年 10 月，中国人民银行公布将商业银行的存款利率上限彻底放开。本书将充分结合改革背景，选取 2012 年 5 月、2014 年 10 月以及 2016 年 1 月这三个关键时点货币政策对个人住房贷款利率的冲击作用，该时间段主要代表了货币市场改革的不断放开的时期、新型政策工具加入货币政策体系以及政策利率与中央银行基准利率脱钩的时期。这与不同时期的脉冲响应分析一致。

1．不控制基准利率的时变参数向量自回归模型

图 8.9 中左图显示了数量型货币政策对住房贷款利率的影响。整体来看，不同时点上货币供应量对贷款利率的冲击具有相似性，短期内皆引起较大负向冲击，随后进入振荡下限的趋势，但不同时间点存在一定差异。具体地说，2012 年和 2014 年货币供应量的冲击基本是维持在 [−0.000 3，0] 之间，说明货币供应量在一定程度上能够影响住房贷款利率，只是影响幅度较为微弱。但

2015年后，贷款利率冲击的波动区间基本有所缩减，此时利率市场化已完成，房价不断攀升，货币供应量所带来的负向冲击有所减弱，符合现实背景，与上文不同时期所得出的结论相似，说明利率市场化改革的不断完善确实能够减弱数量型货币政策工具的传导。

图8.9中右图显示了价格型货币政策对住房贷款利率的影响。整体来看，不同时点货币市场利率对住房贷款利率的影响均为正向，且波动区间在(0，0.001 5)之间，在第三期左右皆收敛于0。具体而言，在2012年和2014年时点下，市场利率对住房贷款利率的冲击强度相对较弱，而2016年市场利率对住房贷款利率的冲击相对较强，2012年连续下调住房贷款利率，商业银行展开信贷业务的自主能力不断增强，政策信号得到有效传导。而2015年10月以后，存款利率被全面放开，基准利率基本不变，房价不断上扬，市场利率的传导效果有所增强。由此可见，若不考虑基准利率所产生的影响，则利率市场化的进程及资产价格的不断攀升能够影响政策利率的传导效果，且价格型货币政策工具传导更加有效。

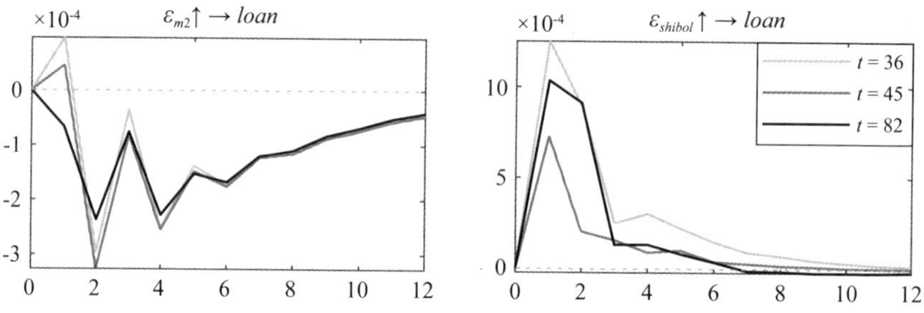

图8.9　不同时点下货币政策对贷款利率的冲击

图8.10描述了不同时点银行家货币政策的心理感知对住房贷款利率市场冲击作用。从图中的脉冲响应结果来看，一个标准差的货币市场利率对房贷利率存在负向影响。2012年、2014年和2016年等不同时点所带来的冲击有高度的相似性，政策感知冲击的波动区间在 [–0.001 5, 0]。具体而言，当银行家感知到宽松的货币政策冲击时，倾向于调低贷款利率，但2012年及2014年冲击幅度稍弱，可能的原因在于早期基准利率的锚定作用过强，银行感知在实际定价

过程中作用不强，该冲击在第3期以后虽呈现持续的负向效应，但该效应是逐渐减弱的，说明银行家的政策感知可能是持续更新的。

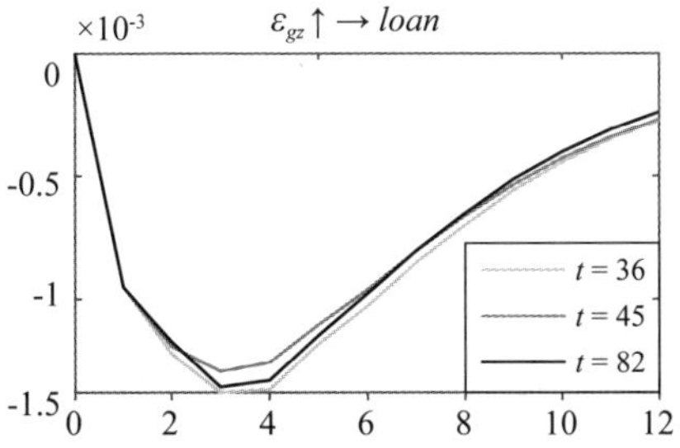

图8.10　不同时点政策感知对住房贷款利率的影响

进一步地，我们考虑不同时点银行家信心容易受到哪些因素的影响。从图8.11的左图中可看出，不同时点上货币市场利率对政策感知的影响存在差异，早期的贷款利率上升能在一定程度上被银行家感知到货币政策收紧，但这种冲击在第1期以后逐渐收敛为0，而2014年和2015年的货币政策感知在早期亦能被银行家微弱的感知，但第1期以后转为正向的冲击。可见市场利率并没有有效传导政策意图。从图8.11的右图中可以看出，货币供应量的增加能够较好地被银行家感知，这与前面的结论相一致。具体来看，不同时点上，货币供应量对政策感知所带来的冲击具有一致性，这种冲击在第2期达到最大值，随后冲击会随着时间的推延而不断减弱。由此可以推想，即便是在不同时点上，银行家对货币政策感知中，数量型的货币政策感知更容易被接收，这与传统文献中所指出的价格型政策工具较之数量型政策工具有更好地信心传递作用相反。

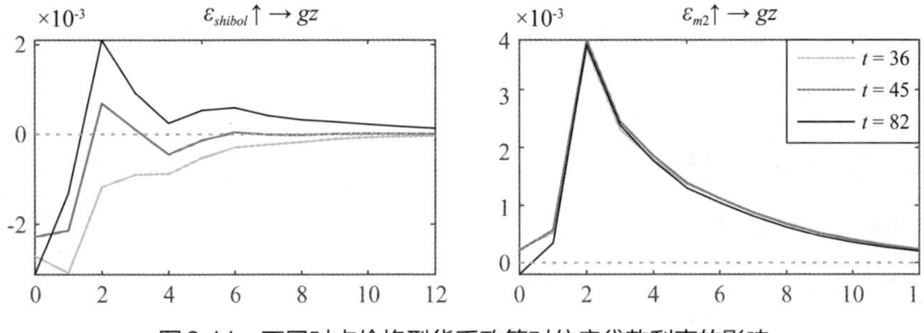

图8.11　不同时点价格型货币政策对住房贷款利率的影响

2. 控制基准利率的时变参数向量自回归模型

进一步地，本部分将控制基准利率，以观察不同时点上货币政策规则、政策感知和基准利率对房贷利率的传导效应。从图8.12中的脉冲响应图可以得到一些有意思的结论：其一，一个标准差的基准利率对住房贷款利率存在显著的正向影响，这与我们在不同时期冲击中得出的判断一致；其二，货币政策感知在控制了基准利率后依然能够有效影响住房贷款利率，即宽松的货币政策感知会促使银行家调低贷款利率；其三，即使控制基准利率，货币供应量依然能对住房贷款利率起到一定的负向冲击作用，但在2014年及2016年，这种影响逐渐减弱，而此时不同时点的货币市场利率冲击影响存在较大差异。2012年和2014年的市场利率对贷款利率的传导能力相对较弱，但2016年货币市场利率传导效率有所提升。

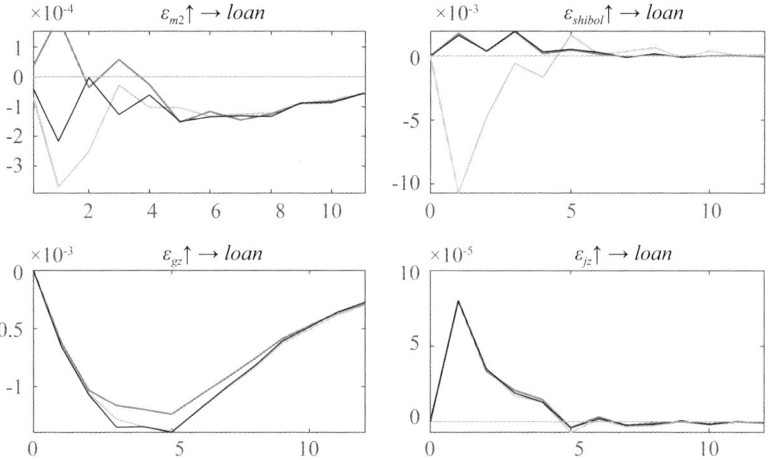

图8.12 不同时点价格型货币政策对住房贷款利率的影响

8.6 小　　结

8.6.1 基本结论

本书利用2009年9月至2018年6月的宏观经济及地区住房贷款数据，实证检验了不同货币政策规则冲击对我国住房贷款利率的时变及动态影响，并在以往研究基础上进行有效拓展。基本结论如下：

(1) 不同于以往研究多关注短期企业贷款利率，本书将聚焦家庭部门的中长期住房贷款利率，研究发现货币供应量对我国区域性住房贷款利率存在显著影响，但是短期利率向长期利率的传导并不顺畅，我国住房贷款利率存在显著的刚性。

(2) 基准利率对地域性住房贷款利率存在较强的锚定作用，市场利率对住房贷款利率的传导早期并不显著，但随着利率市场化的不断完善有所缓解；若不控制基准利率，则市场利率的传导相对有效，无论是否控制基准利率，以货币供应量为代表的数量型货币政策工具对住房贷款利率的冲击皆有效。

(3) 充分考虑银行家作为货币政策参与主体，其主观政策感知在货币政策传导中的作用，发现银行家货币政策感知与贷款利率之间存在显著正向关联，但银行家政策感知与实际货币政策实施之间关联性不强，特别是市场利率难以有效引导银行家政策感知，这可能是短期市场利率向中长期利率传导不畅的重要原因之一，而货币供应量对银行家政策感知具有较好的引导作用，可能的原因在于多年实施数量型政策工具所造成的路径依赖，使得银行家对货币供应量的调节更加敏感。

8.6.2　现实启示

根据上文中得到的结论，本书得到以下启示：

(1) 数量型货币政策并不能完全退出货币政策框架，特别是当前国内外环境日益复杂，疫情冲击下宏观经济形势并不明朗，多种货币政策工具协同是以应对当前复杂的国内外经济形式十分必要。

(2) 货币政策的有效传导应该以市场参与主体对政策的有效感知为前提，银行家作为货币政策有效施策的重要参与者和资金供给方应该被充分重视，有效引导银行家政策感知是加强市场利率体系的有效培育以实现预期管理和沟通的关键因素。

第 9 章　公众预期与微观家庭金融行为决策

9.1　问题的提出

居民预期是影响家庭金融决策的关键因素。现有文献多从社会资本与人力资本(金融素养、认知能力等)的视角出发探讨家庭金融行为(杨汝岱 等，2011；蔡栋梁 等，2018；Lusardi et al.，2015；Lusardi et al.，2017)。事实上，预期作为一种心理因素对家庭金融行为的影响至关重要，能够在一定程度上解释微观主体的消费、储蓄、投资和借贷行为(Gennaioli et al.，2018)。预期同时具有自我实现特征，通过自我暗示改变自身的决策行为，积极的预期可以引导行为主体进行合理决策，促进经济平稳健康发展，消极的预期则容易产生消极的结果。2018年7月，中共中央政治局会议首次提出“六稳”工作，稳预期成为其中重要内容，2018-2019年中央经济工作会议强调要进一步“六稳”。预期的稳定对引导微观决策主体的经济行为至关重要，是其他五稳的重要保障。但无论是决策层还是学术界，对预期却知之甚少，预期的形成机制一直是个难题(Manski，2004，2018；Coibion et al.，2015；钟春平 等，2015)。不确定性成为当前研究宏观经济波动、金融市场运行及微观家庭经济行为的大背景。从外部环境来看，美国次贷危机和欧洲债务危机以及始于2018年的中美贸易摩擦都对全球经济带来了一定的冲击。从内部环境来看，“三期叠加”效应依然存在，我国经济运行中稳中有变，经济面临较大下行压力。不确定性增加会加剧各经济主体之间的预期行为差异，从而导致资产价格的波动和财富的进一步扩张（Veronesi，2019）。在不确定视角下研究居民预期偏差形成及家庭金融行为具有重要的现实意义。

新常态以来，基于供需结构矛盾和经济增长内生动力不足的事实，中央经济工作会议连续10余年强调要“增强消费对经济增长的基础作用”。过去一年，在疫情蔓延和外部冲击不断地背景下，中国消费市场更是遭受重创。为此，十四五规划将“形成强大国内市场，构建新发展格局”作为未来重要的战略目标，而全面促进消费是扩大内需以畅通内循环的核心和关键。虽然促进消费的纾困政策密集出台，但消费复苏却远低于预期。进一步关注居民消费决策的逻辑和内在动因具有重要的现实意义。预期作为居民制定和实施消费决策的先决条件已获得学术界认可，但传统经济学中高度同质的预期假设并不符合事实。实际上，不同消费者的预期存在显著差异，尤其是在遭受不确定性冲击时，预期分歧会徒然增大，进而加剧消费者决策行为偏差，信念的更新和由此产生的非理性决策反过来将制约消费复苏。

同时，我国企业杠杆率过快攀升的势头已得到初步遏制，但家庭杠杆率的日渐上升引起学术界广泛争议。田国强教授团队和陈彦斌教授团队于2018年同时指出中国家庭杠杆存在被低估的现象：一方面，中国家庭大部分存在隐形债务，他们主要借贷对象不是银行，而是亲人或朋友，大量隐形债务的出现使得家庭杠杆被低估；另一方面，目前家庭杠杆的核算主要由家庭债务 /GDP 的测算方式进行核算，但我国居民收入占 GDP 比重偏低，会进一步低估中国家庭部门债务问题的严重性。家庭杠杆是一把锋利的双刃剑：家庭的财产性收入与财富可以通过住房抵押贷款、融资等财务杠杆手段迅速增加，从而促进消费增长(吴卫星 等，2016)；但过高的家庭杠杆亦会抑制城镇居民总支出，导致宏观经济不稳定甚至引发经济危机(潘敏 等，2018)。1951—2010年间的138次经济危机当中，家庭杠杆率上升过快引发的债务危机高达100次，由企业杠杆引发的危机仅38次（Reinhart et al.，2011）。更重要的是，在当前宏观减税及财政扩张政策背景下，经济依靠政府债务驱动特征明显，但与家庭杠杆高度关联的家庭债务以及可能引发的问题却容易被忽视。厘清家庭杠杆选择背后的心理预期机制是预判宏观演变及金融风险的重要前提。我们力图结合当前宏观经济环境从居民预期分化的视角对这一难题做出解答。通过本书的研究，有助于加强对新形势下我国家庭杠杆选择问题的认知，有助于防范家庭债务风险。

家庭金融行为是金融系统的重要组成部分，但数据的敏感性及复杂的行为模型构建制约了研究进程，使得家庭金融行为背后的规律没有得到正确认知，家庭债务决策行为一直被忽视，厘清我国家庭杠杆选择决策机制是研究家庭债务文献的重要补充，居民预期与家庭金融决策密切相连，国内外文献对预期主题的研究不断丰富，但预期的形成机制并不清晰，本书从不确定性视角切入，研究了国内居民预期形成与分化问题，扩展了研究预期形成机制的维度，夯实了基础。家庭杠杆稳定是构建房地产市场健康发展长效机制的关键，亦是防范我国金融市场共振和交叉传染的重要前提，而消费提振是经济稳定复苏，有效实行内循环的重要前提。而预期引导是保持家庭金融平稳运行的突破口，本书的研究契合了当前“稳预期”的政策主题，并为决策部门的预期管理提供前瞻性政策建议。

9.2 数据来源、变量界定和特征事实分析

9.2.1 样本数据

本书研究的数据来源于中国家庭金融调查（CHFS）数据。该调查数据的总样本涉及中国29个省(市、区) 363个县，有效样本共40 000户。调查数据库不仅包含了大量家庭资产与负债、收入与支出等相关信息，还包含了被调查者对未来房价、通胀、利率及宏观经济的心理预期等数据，为本书研究预期如何影响微观主体经济行为提供了直接证据。但预期调查仅出现在2011年，因此本书主要使用CHFS2011、CHFS2013的调查数据进行研究，重点关注其家庭

问卷和成人问卷。为了保证数据的一致性，仅保留可追踪数据，即剔除2013年和2015年新增样本，分别获得覆盖2年6 870户和5 760户的初始样本数据。其次，为了考虑数据的连续性和完整性，删除异常值和缺失值，并对核心变量进行截尾处理，最终得到有效样本量为6 300户家庭数据。表9.2是主要变量的描述性统计。

9.2.2　变量的界定

1. 被解释变量

本书重点考察的第一个研究点是预期信念对借贷决策行为的影响。家庭是否进行借债、负债的深度以及杠杆变化率是重要的被解释变量：当家庭存在借贷行为时，则赋值为1，否则为0；本书参考潘敏和刘知琪(2018)的做法，为避免估计偏差，将2013年期初的杠杆率作为核心指标，即使用家庭债务杠杆的水平值而不是变化值，家庭杠杆率定义为家庭总负债 / 家庭总资产；家庭杠杆的动态选择则利用2013与2011年杠杆率的差值来测度。

本书重点考察的第二个研究点是预期信念对家庭消费行为的影响。家庭消费总水平、家庭消费结构是重要的被解释变量。本书继续参考潘敏和刘知琪(2018)的做法，将2013年期初的消费水平作为核心指标，对生存型消费和享乐型消费的界定则主要根据国家统计局的分类进行，即生存型消费包括食品、衣着和居住三个类别，主要用来满足家庭基本生存需要进行的消费，而发展与享乐型消费则包括了生活用品、医疗保健、交通通信、文化娱乐和其他消费，其主要目的是为了寻求更好地发展和满足享受需要而产生的消费。

2. 核心解释变量

长期预期数据。CHFS 调查问卷中包含长期经济形势预期调查数据，“您预期中国未来三到五年的经济形势与现在比较会如何变化？选项包括 “非常好” “较好” “几乎不变” “较差” 和 “非常差” 五个选项，考虑到问卷调查结果中乐观预期的人数比例较高，为了更好识别不同预期程度对家庭消费的影响，本书与徐淑一(2020)的研究一致，将“几乎不变”“较差”和“非常差”归为基础组，设置两组虚拟变量，若被调查者选择“上升很多”，则赋值hpexp_1为1，否则为0；若选择“上升一点，则赋值hpexp_2为1，否则为0。

短期预期数据。CHFS调查问卷中包含短期房价、利率、通胀预期等预期调查数据，本课题主要关注通胀和房价预期数据：“未来一年，您预期物价会如何变化？”“未来一年，您预期房价会如何变化？”两个问题选项一致“上升很多”“上升一点”“几乎不变”“降低一点”和“降低很多”五个选项。与经济形势预期调查数据处理类似，将“几乎不变”“降低一点”和“降低很多”设置为基础组，并设置两组虚拟变量，第一组将“上升很多”设置成虚拟变量1，其他选项为0，第二组将“上升一点”设置成虚拟变量1，其他选项为0。

参照Cardak和Wilkins (2009)、吴雨等(2021)处理方式，选择家庭收入和社会互动水平作为家庭特征变量进行控制；选择性别、年龄、受教育程度、健康状况、风险偏好水平等作为户主特征进行控制。与盛夏等(2021)保持一致，考虑到年龄结构可能对家庭杠杆产生影响而加入平方项。教育程度则按照学历水平从低到高依次赋值为1-6。对家庭收入等总量型变量进行对数处理，以提高模型的解释能力。地区变量主要是对东、中、西部地区进行控制，以虚拟变量的方式进行赋值处理。

表9.1　核心变量的界定和说明

指标类型	中文名称	字符代码	定义及备注
债务变量	是否负债	*Ddebt*	2013年家户所有债务之和
	债务杠杆率	*leverage*	总债务与总收入之比
	债务变动	*dleveraget*	2013与2011年杠杆率之差
消费变量	消费总量	*total_expend*	2013年家户所有消费支出之和
	生存型消费	*sc_expend*	生存型消费之和
	发展享受型消费	*fz_expend*	发展享受型消费者

表9.1（续）

指标类型	中文名称	字符代码	定义及备注
预期指标	宏观经济预期	*expectmac*	未来 5 年的宏观经济预期
	房价预期	*expecthp*	对未来 1 年的房价预期
其他控制变量	家庭收入	*lgtotalinc*	总收入进行对数处理
	社会互动水平	*social*	春节及节假日支出总和
	性别	*male*	男性取 1，女性取 0
	年龄	*age*	被调查者在 2011 年的实际年龄
	风险承担水平	*risk_averison*	从高—低风险承担分别赋值 1-5
	家庭人数	*pepole*	按实际人数计算
	教育	*edu*	按照实际接受教育年限赋值
	婚姻	*married*	已婚取 1，其他取 0
	房产	*house*	有 1 套房取 1，否则取 0
	户口	*hukou*	非农户口为 0，农业户口为 1
	地区	*region*	1，东部地区；2 中部地区；3 西部地区

9.2.3　特征事实分析

为进一步理解我国家庭的投资消费情况，本章将综合使用 CFPS 和 CHFS 数据进行简单的描述性统计分析。CFPS 当中涉及类似于家庭借贷意愿的题目：以您家现有的经济状况，您家是否愿意承担更多的债务？（1. 非常不愿意 2. 不愿意 3. 一般 4. 愿意 5. 非常愿意）。进一步，对于有借贷意愿的居民，分析考察其主要借贷渠道，并进行分析和挖掘，寻找可能的突破点。现有家庭债务的量化多从银行借贷等相关数据着手进行研究，忽视了亲人及朋友等其他非正规渠道的资金借贷需求。通过图9.1所示，可以发现城镇居民选择借贷的主要对象并不是银行，找亲戚进行借贷的占比非常高。大规模的非正规金融渠道借贷使得现有的家庭杠杆率被低估，亦导致家庭债务风险被忽视。因此，扩展家庭债务决策过程当中的借贷渠道具有重要意义。

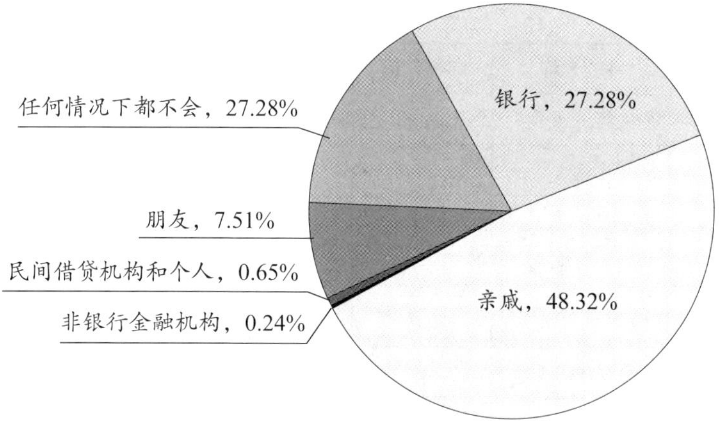

图9.1　城镇居民选择借款的主要对象

数据来源：笔者根据2016年CFPS微观数据调查库原始数据整理获得。

家庭对未来经济环境与物价房价是否存在一致预期呢？事实上，不同的被调查者因个体特征、家庭环境与知识素养差异，其对未来经济形势、物价以及对未来房价的预期可能是存在差异。图9.2中横轴1-5的含义在变量界定部分有较为详细的介绍，此处不作赘述。如图所示，2011年因经济发展态势良好，家

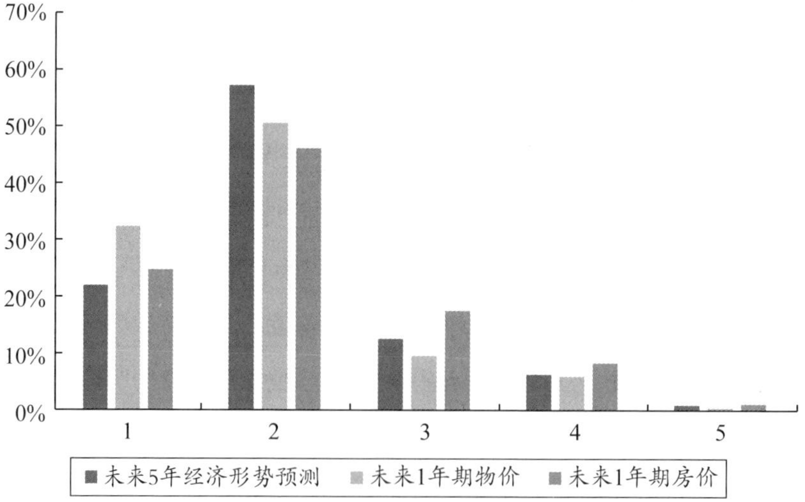

图9.2　城镇居民对未来经济环境、物价以及房价预期

数据来源：笔者根据2011年CHFS微观数据调查库原始数据整理获得。

庭部门对未来宏观经济环境预期整体乐观，将近79% 的居民在持有对未来经济形成较为乐观的预期，同样认为通胀会上升以及房价会继续上涨的群体所占比例亦非常高，说明家庭部门对我国未来宏观经济形势预期整体较为乐观，多年来的房价持续上涨是否在一定程度上固化了部分居民的房价预期值得思考。

表9.2 列明了本章主要变量的描述性统计结果。从表中可见，对收入、债务和资产的极端值进行剔除后，所剩余的家户样本量约为6 250，即这部分家户同时参加了2011年和2013年的调查，在实证回归过程中，未来尽量满足一定的样本量，会设定一定的约束条件进行回归，以防止过度损失样本量。从表中可见，2013年的家庭负债比率并不高，负债取1，没有债务为0，说明我国家庭部门持有债务的占比约为37%。进一步关注家庭债务杠杆率，虽然持有债务的家户并不多，但是持有债务杠杆较高，平均值约为69%，事实上，本书主要采用的债务杠杆衡量指标是债务与收入的比值，其计算所得杠杆率可能会略高于债务与资产的比值。消费层面来看，我国家庭部门的消费结构中主要以生存型消费为主。而预期数据中，原始数据未经过相关处理，故而平均值2.15即代表整体情绪相对乐观，即被调查者对未来宏观经济环境和房价都持有较为乐观预期。

9.3　模型的设定和内生性问题讨论

9.3.1　模型的设定

为验证公众预期对家庭金融行为决策产生的影响，本书将分别以家庭杠杆选择和消费支出水平为被解释变量建立模型。客观来讲，家庭债务数据具有显著的截断特点，为避免实证估计出现偏误，我们将参照宗庆庆等(2015)、尹志超等(2021)的做法，构建 Probit 模型识别预期对家庭是否拥有债务的影响，利用 Tobit 模型考预期对家庭杠杆率以及加杠杆行为的影响，并结合 Heckman 两阶段模型解决内生性问题，具体的模型设定如下：

表9.2　主要变量的描述性统计分析

Variable	Obs	Mean	Std. Dev.	Min	Max
Ddebt	6 250	0.37	0.48	0.00	1.00
leverage	6 250	0.69	3.13	0.00	60.00
dleveraget	6 250	−1.19	6.42	−59.89	60.00
lgexpend	6 247	0.23	0.90	0	7.00
sc_expend	6 247	0.06	0.25	0	0.93
fz_expend	6 247	0.01	0.22	−0.92	0.91
expectmac	6 250	2.15	1.12	1.00	9.00
expecthp	6 250	2.31	1.43	1.00	9.00
age	6 250	1 961.05	13.95	1 917.00	1 997.00
male	6 250	1.45	0.50	1.00	2.00
edu	6 202	3.30	1.65	1.00	9.00
married	6 198	2.26	1.03	1.00	6.00
house	5 787	1.18	0.49	1.00	15.00
social	4 652	7.62	1.37	0.00	11.93
lgtotalinc	6 235	10.13	1.27	3.58	14.91
region	6 250.00	1.78	0.80	1.00	3.00

$$d\_debt^*_{i,t+1} = \alpha expct_{t-1} + \beta X + u\text{，其中 } debt = 1\ (d_{debt^*_i} > 0) \tag{9.1}$$

式中 $d\_debt^*_i$ 是被解释变量，表示家庭是否持有债务；$debt=1$，表示存在家庭债务；$debt=0$，表示家庭没有负债。*expct* 表示户主预期，本书主要涉及的预期指标包括对未来五年期的宏观经济预期 *expct_Mcro*、未来一年期的房价预期 *expct_hp* 和未来一年期的通胀预期 *expct_cpi*；*X* 是控制变量、包括家庭、个体和地区特征等控制变量；*u* 表示残差项。

$$leverage\_rate_i = \begin{cases} a_0 + a_1 expctation + a_3 X + \varepsilon, & if\ \ RHS > 0 \\ 0, & if\ \ RHS \leqslant 0 \end{cases} \tag{9.2}$$

在研究家庭杠杆率问题时，由于数据本身存在的显著截断特征，导致

Probit 模型的适用性变差。式9.2中则显示的是 Tobit 模型，其中 $leverage\_rate\_1_i$ 是被解释变量，表示家庭债务杠杆率，$leverage\_rate\_2_i$ 则表示家庭加杠杆额。*expct* 为核心解释变量；X 是控制变量，包括家庭、个体和地区特征等控制变量；u 表示残差项。

在研究消费支出问题时，家庭支出数据并不具有截断特征，因此本书将采用多元回归分析而不是 tobit 模型进行检验。对家庭消费行为的检验主要涉及总的消费支出水平和家庭消费结构，如变量介绍部分所示，家庭消费结构主要涉及生存型消费和发展享受型消费。构建的实证模型如下：

$$total\_expend^*_{i,t+1} = \alpha expct_t + \beta X + \epsilon, \tag{9.3}$$

$$fz\_expend^*_{i,t+1} = \alpha expct_t + \beta X + \epsilon, \tag{9.4}$$

式中，$total\_expend^*_{i,t+1}$ 表示第 i 个家庭在2013年总的消费支出水平，$fz\_expend^*_{i,t+1}$ 则主要是代表发展享受型消费占家庭总支出的比率，而预期变量和控制变量的选择则与式9.1中相同。

9.3.2 内生性问题的讨论和说明

公众预期与家庭债务杠杆之间可能存在显著的内生性问题，从而导致估值结果出现偏误。一方面，预期具有极强的正反馈作用，即两者之间有可能存在一定程度的反向因果关系，如家庭高杠杆可能会通过刺激经济而反向推动宏观经济发展和房价进一步升高，致使公众乐观预期被强化，由联立性而导致内生性。另一方面，尽管本书尽可能地控制了家庭、户口特征以及地区差异，但是仍可能存在不可观测的遗漏变量，可能既会影响家庭债务决策，同时也会影响公众预期，从而导致内生性问题。 为克服内生性问题，本书将从以下方面改进研究。一方面，我们选择2013年的债务杠杆数据作为被解释变量，选择2011年的居民预期数据作为核心解释变量，在一定程度上规避了由于反向因果带来的识别偏误。另一方面，尽量控制个体特征、家庭特征以及区域特征。

9.4 公众预期驱动下的家庭金融行为决策：实证分析

9.4.1 横向比较：乐观预期者会持有更多家庭债务吗?

根据式9.1，本书首先关注居民预期与家庭债务的关系，对未来宏观经济和房价持有乐观预期的家庭会持有更多债务吗？结果可以从表9.3中可见，整体而言，对未来宏观经济形势持有乐观预期会更愿意持有债务，且杠杆率更高。但这种显著性仅反映在家庭拥有“非常好”的预期时，当被调查者仅持有“较好”预期时，其影响虽为正向的，但并不显著。家庭高杠杆是因为乐观者更愿意持有更多债务吗？为验证这一问题，我们讲负债总额与宏观预期进一步回归，发现其系数显著为正，进一步证实了前面的结论，即具有乐观预期的家庭更愿意持有债务，且具有乐观预期的家庭持有的债务总量更多而导致了其具有更高的家庭杠杆率水平。家庭进一步关注房价预期对家庭消费债务决策的影响，与对未来宏观经济环境预期不同的是，房价预期虽然对家庭债务整体存在正向影响，但这种影响并不显著，即房价预期可能并不影响家庭当期是否持有债务，以及家庭债务的总量。而其他控制中的年龄、婚姻状况和家庭人口数量皆对债务杠杆有一定的影响。

9.4.2 纵向比较：乐观预期者会选择进一步“加杠杆”吗?

从上述回归结果可知，居民对未来宏观经济和房价上涨预期越乐观，家庭负债的可能性和杠杆率水平越高。但如内生性部分的分析所示，即便本书已经尽量利用滞后期的债务杠杆与当期的预期值进行回归，以缓解反向因果的内生性问题，但水平值的解释似乎力度依然有限。因此，本部分将进一步关注债务和杠杆率的增加值，从表9.4中的结果可知，对未来宏观经济环境持有乐观预期的家庭并不会在短期内进一步增加家庭债务，但是对未来有乐观房价预期的家庭会进一步加大杠杆，且这种杠杆率的正向变动是由于家庭部门增加债务所导致的，即对未来房价持有乐观预期者会通过增加总债务额来增加杠杆。

表9.3　居民预期与家庭债务决策

	宏观经济预期			房价预期		
	总负债额	杠杆率	是否负责	负债额	杠杆率	是否负责
*macexpect*1	1.995** (2.33)	0.915** (1.96)	0.165** (2.44)	0.75 (0.97)	0.504 (1.25)	0.0597 (0.99)
*macexpect*2	-0.0514 (-0.07)	-0.0598 (-0.15)	0.00212 -0.04	0.631 (0.95)	0.464 (1.33)	0.0439 (0.84)
age	0.291*** (11.76)	0.147*** (10.90)	0.0222*** (11.73)	0.291*** (11.60)	0.146*** (11.07)	0.0220*** (11.56)
male	-1.256** (-2.24)	-0.673** (-2.20)	-0.0961** (-2.17)	-1.170** (-2.06)	-0.665** (-2.24)	-0.0892** (-2.00)
edu	0.436** (2.19)	0.0298 (0.27)	0.0346** (2.20)	0.394** (1.97)	0.00771 (0.07)	0.0311** (1.98)
married	0.437 (1.27)	0.242 (1.30)	0.0339 (1.26)	0.556 (1.62)	0.300* (1.67)	0.0426 (1.59)
pepole	0.536*** (2.69)	0.288*** (2.66)	0.0387** (2.49)	0.540*** (2.68)	0.255** (2.42)	0.0387** (2.48)
house	2.038*** (3.49)	0.800** (2.51)	0.155*** (3.32)	2.165*** (3.69)	0.839*** (2.73)	0.164*** (3.53)
social	0.454** (2.01)	0.188 (1.53)	0.0331* (1.86)	0.381* (1.68)	0.135 (1.13)	0.0275 (1.55)
lgtotalinc	0.178 (0.64)	-0.122 (-0.82)	0.00854 (0.39)	0.308 (1.10)	-0.0315 (-0.22)	0.018 (0.82)
region	0.715 (1.56)	0.401 (1.62)	0.0625* (1.73)	0.887* (1.93)	0.479** (2.00)	0.0749** (2.07)
gdp	106.5** (2.01)	45.24 (1.57)	9.036** (2.16)	86.92 (1.62)	34.42 (1.22)	7.482* (1.77)
hp	11.02 (1.36)	1.921 (0.44)	0.81 (1.27)	9.588 (1.18)	0.958 (0.22)	0.711 (1.11)
_cons	-594.3*** (-12.23)	-297.9*** (-11.26)	-45.17*** (-12.24)	-595.1*** (-12.10)	-295.8*** (-11.46)	-44.98*** (-12.09)
sigma	13.65*** -38.01	7.226*** -42.36		13.70*** -37.7	6.983*** -41.99	
N	4250	4250	4250	4198	4198	4198

注：括号内为 *t* 值。*、**、*** 分别表示在 10% 、5% 和 1% 的水平上显著。

表9.4　居民预期与家庭“加杠杆”行为决策

	宏观经济预期		房价预期	
	债务额变动	杠杆率变动	债务额变动	杠杆率变动
*macexpect*1	19 405.30 (0.94)	0.68 (1.06)	27 246.4 (1.46)	1.092* (1.94)
*macexpect*2	6 179.3 (0.36)	0.079 3 (0.15)	35 202.9** (2.19)	0.942* (1.92)
家庭控制变量	是	是	是	是
户主控制变量	是	是	是	是
区域控制变量	是	是	是	是
宏观经济指标控制变量	是	是	是	是
观测值	4477	4477	4424	4424

注：括号内为 t 值。*、**、*** 分别表示在10%、5%和1%的水平上显著。

9.4.3　横向比较：乐观预期者会产生更多消费吗？

本部分重点关注乐观预期如何影响家庭消费行为，如表9.5所示。对宏观经济的乐观预期似乎不仅没有增加消费，反而显著减少了消费支出；而杠杆率与是否负债务两者与家庭宏观经济预期的关联并不显著，说明预期与决策行为之间可能并不存在明显的相关性。事实上，这与我们通常的认知存在一定的差异，乐观预期者为何会减少消费呢？可能的原因之一是，低收入低消费人群者本身就持有较为乐观的预期，为证实这一猜测，本书将在下面部分进一步关注消费变动值。在进一步关注房价预期对家庭消费的影响时，发现房价预期对消费的影响是相对模糊的，在本书所选取的样本中，对未来房价有正向预期者通常会减少总量消费，从结构性特征来看，这种减少主要是由于对发展享乐型消费的减少来获得的。可能的原因是，房价预期上涨不断刺激了居民购买住房的需求，进而减少了当期消费的可能性。

表9.5　居民预期与家庭消费决策

被解释变量	消费的水平值变化情况					
	宏观经济预期			房价预期		
	消费总量	生存型消费	发展享乐消费	消费总量	生存型消费	发展享乐消费
*expect*1	−0.140*** (−3.82)	−0.005 78 (−0.63)	−0.005 02 (−0.59)	−0.051 2 (−1.58)	0.000 426 (0.05)	−0.004 6 (−0.61)
*expect*2	−0.101*** (−3.36)	−0.000 331 (−0.04)	−0.007 14 (−1.02)	−0.061 0** (−2.21)	0.003 61 (0.52)	−0.012 2* (−1.91)
age	0.008 58*** (8.87)	−0.000 895*** (−3.71)	0.001 92*** (8.55)	0.008 82*** (9.11)	−0.000 883*** (−3.66)	0.001 92*** (8.55)
male	0.036 8 (1.55)	0.000 023 3 0.00	−0.009 41* (−1.70)	0.037 5 (1.57)	0.000 063 (0.01)	−0.009 33* (−1.68)
edu	0.082 3*** (9.70)	−0.006 81*** (−3.21)	0.010 7*** (5.41)	0.086 0*** (10.20)	−0.006 65*** (−3.16)	0.010 8*** (5.52)
married	−0.008 31 (−0.62)	−0.005 19 (−1.54)	0.008 53*** (2.72)	−0.006 47 (−0.48)	−0.005 12 (−1.52)	0.008 63*** (2.75)
pepole	0.041 1*** (4.98)	−0.007 02*** (−3.40)	0.007 72*** (4.01)	0.041 0*** (4.96)	−0.007 06*** (−3.42)	0.007 72*** (4.02)
house	0.040 6 (1.56)	−0.006 07 (−0.94)	0.003 3 (0.55)	0.040 4 (1.55)	−0.006 2 (−0.95)	0.003 52 (0.58)
social	0.098 6*** (10.73)	−0.044 0*** (−19.14)	0.006 04*** (2.82)	0.098 5*** (10.70)	−0.044 0*** (−19.14)	0.006 03*** (2.82)
lgtotalinc	0.184*** (15.68)	−0.006 42** (−2.19)	0.012 0*** (4.37)	0.183*** (15.53)	−0.006 41** (−2.18)	0.011 8*** (4.31)
region	−0.108*** (−5.48)	0.009 78** (1.99)	−0.001 78 (−0.39)	−0.111*** (−5.65)	0.009 49* (1.93)	−0.001 82 (−0.40)
gdp	-5.990*** (-2.63)	-1.822*** (-3.20)	0.864 (1.63)	-6.244*** (-2.74)	-1.845*** (-3.24)	0.887* (1.67)
hp	-0.591* (-1.71)	-0.589*** (-6.83)	0.050 1 (0.62)	-0.614* (-1.78)	-0.591*** (-6.85)	0.052 (0.65)
_cons	-9.148*** (-4.86)	2.902*** (6.17)	-3.777*** (-8.61)	-9.663*** (-5.13)	2.874*** (6.11)	-3.776*** (-8.62)
sigma	4 197	4 198	4 197	4 197	4 198	4 197

注：括号内为 *t* 值。*、**、*** 分别表示在10%、5%和1%的水平上显著。

9.4.4 纵向比较：乐观预期者会选择进一步增加消费吗?

与债务决策分析相似，为了规避可能的内生性问题，本部分将进一步探究宏观经济预期和住房预期是否改变了家庭在样本期间的消费支出变动情况。如表9.6所示，本章分别选取总消费支出变动、生存型消费支出变动以及发展享乐型消费支出变动作为被解释变量。从回归结果来看，核心变量的结果虽然与上文部分有相似的方向性，但回归结果并不显著，说明居民的预期并没有引起家庭部门消费行为的动态变化。很有可能的是，预期与家庭决策行为之间存在一定的弱关联效应，即信念并不一定是有效的指标行为。

表9.6 居民预期与家庭增加消费行为研究

被解释变量	消费的增加变动情况					
	宏观经济预期			房价预期		
	总消费	生存型消费	发展享乐	总消费	生存型消费	发展享乐
expect1	−0.038 (−0.93)	0.004 85 (0.41)	−0.004 85 (−0.41)	0.004 22 (0.12)	−0.000 478 (−0.05)	0.007 7 (0.83)
expect2	−0.018 2 (−0.54)	0.003 99 (0.41)	−0.003 99 (−0.41)	0.000 629 (0.02)	0.008 46 (0.95)	−0.004 39 (−0.56)
家庭控制变量	是	是	是	是	是	是
户主控制变量	是	是	是	是	是	是
区域控制变量	是	是	是	是	是	是
宏观经济指标控制变量	是	是	是	是	是	是
家庭控制变量	是	是	是	是	是	是
户主控制变量	是	是	是	是	是	是
区域控制变量	是	是	是	是	是	是
观测值	4 197	4 197	4 197	4 197	4 197	4 197

注：括号内为 t 值。*、**、*** 分别表示在10%、5%和1%的水平上显著。

9.5　预期影响家庭决策行为的进一步分析

从以上的分析整体可见，预期在一定程度上能够影响家庭的消费借贷行为，但这种影响整体上是较为微弱的，如预期对家庭消费行为的变化并没有呈现出显著性影响。也就是说，虽然个体回答了自身的预期，但是这种预期并不能通过知识实际地转化到个体的行为。说明预期信念与决策行为之间并不存在必然的关联性。进一步分析中，我们考虑预期无法与决策行为关联的原因是什么？可能地是，预期者不能很好地理解其跨周期效应，因此没有有效地改变自己的行为。更有可能的原因是，家庭因为面临一定的预算约束而无法进行有效地借贷和消费行为。因此，在本部分研究中，将进一步删除具有信贷约束的家庭，排除信贷约束给家庭带来的影响。在 CHFS2011 年的调查数据中，有相关问题询问，“为什么没有贷款？”可能的选项中有“不需要”“需要，但没有申请过”“申请过被拒绝”和“曾经有贷款，现已经还清”四个选项。本章将选项3和选项2列为具有融资约束的家庭，回归结果如表9.7所示。与前文研究不同，这部分仅重点关注预期对家庭“加杠杆”行为的影响。研究结果显示，预期依然在一定程度上影响家庭杠杆行为，且这种影响是正向的，但亦需要注意的是，负债变动额和杠杆率亦有不显著之处。说明即便排除了信贷约束的影响，预期对家庭债务决策的影响依然是有限的。

进一步，关注不同收入人群的家庭消费行为差异。将家庭实现的年收入水平平均分为5组，重点关注中高收入水平的家庭。此时，家庭因素受到预算约束而无法根据预期有效调整自己的收入可能性变小，预期黏性能否驱动消费行为的研究结论可能更加稳健。更重要的是，中高收入水平家庭也预示着认知能力可能相对较强，在一定程度上避免了认知差异问题导致的回归偏误。实证结果如表9.8所示，这部分亦重点关注消费支出的变化情况，有意思的是，结论并没有很大变化，说明收入约束可能不是导致家庭无法根据预期决策行为的关键因素。

表9.7　不受融资约束时的居民预期与家庭债务决策

	宏观经济			房价		
	是否负债	负债额变动	杠杆率变动	是否负债	负债额变动	杠杆率变动
*macexpect*1	0.143* (1.81)	11 262.4 (0.44)	0.35 (0.44)	0.041 2 (0.60)	26 256.3 (1.15)	1.264* (1.81)
*macexpect*2	0.015 7 (0.25)	−394 2.5 (−0.19)	−0.328 (−0.51)	0.027 2 (0.47)	34 123.6* (1.79)	0.838 (1.41)
家庭控制变量	是	是	是	是	是	是
户主控制变量	是	是	是	是	是	是
区域控制变量	是	是	是	是	是	是
宏观经济控制	是	是	是	是	是	是
N	3 327	3 327	3 327	3 327	3 327	3 327

注：括号内为 *t* 值。*、**、*** 分别表示在10%、5%和1%的水平上显著。

表9.8　不受预算约束时的居民预期与消费决策行为

被解释变量	消费的增加变动情况					
	宏观经济预期			房价预期		
	总消费	生存型消费	发展享乐	总消费	生存型消费	发展享乐
*macexpect*1	−0.034 7 (−0.59)	−0.011 (−0.62)	0.003 07 −0.19	−0.043 2 (−0.83)	−0.001 64 (−0.10)	0.000 082 1 (0.01)
*macexpect*2	−0.019 8 (−0.43)	−0.010 3 (−0.73)	−0.000 433 (−0.03)	−0.034 4 (−0.79)	0.017 1 (1.30)	−0.018 8 (−1.55)
家庭控制变量	是	是	是	是	是	是
户主控制变量	是	是	是	是	是	是
区域控制变量	是	是	是	是	是	是
宏观经济指标控制变量	是	是	是	是	是	是
家庭控制变量	是	是	是	是	是	是
户主控制变量	是	是	是	是	是	是
区域控制变量	是	是	是	是	是	是
观测值	1934	1934	1934	1934	1934	1934

注：括号内为 *t* 值。*、**、*** 分别表示在10%、5%和1%的水平上显著。

9.6 小　结

总体而言，居民对未来宏观经济形势和房价预期与家庭在实际金融决策行为存在一定的正相关联，即乐观预期者更容易产生借贷行为。而初步结果亦显示，预期与消费决策的关联则存在部分的负向相关性，但这种影响较为微弱。其次，不同预期对公众决策的影响存在显著差异，宏观经济预期能够在一定程度上影响当期决策，但是房价预期的跨期决策行为更加明显。最后，信贷约束似乎不能完全解释预期信念与家庭决策之间存在关联性的缺失，如何寻找更合理的解释是后续工作中的研究重点。本研究把公众预期对家庭债务杠杆选择行为的影响纳入宏观经济政策与家庭金融行为关系的研究框架中，为提升货币政策传导的有效性提供了政策参考，亦是促进十四五时期经济发展量质并举的题中之义。

事实上，本章依然存在一定的不足和后续可以改进之处。例如对预期信念与家庭决策行为之间可能存在的内生性问题，虽然作者已尝试利用滞后期和跨期变动进行了相应处理，在一定程度上缓解了内生性，但是依然无法精准识别其相关性。在本章内容的研究中，我们虽然识别了预期与决策行为之间决策存在弱关联，且这种影响并不能够被融资约束所解释，但如何进一步识别影响机理是后续工作中需要推进的研究内容。

第10章　总　　结

本书研究的主题是房价预期的形成机制及对房地产市场波动的影响。本书从媒体信息的角度切入，研究房价预期的有偏性和异质性，并通过建立SVAR模型实证检验房价预期与房地产市场波动之间的动态关联性。

对预期和信息的刻画是本书研究的一个重点。房价预期的调查数据在国内相对匮乏，本书采用中国经济景气监测中心的《消费者信心调查报告》中非公开原始调查数据衡量消费者的预期。该调查报告中涉及消费者对未来6个月房价走势的判断，本书利用改进的C-P概率法将定性的数据转换成定量的房价预期数据。媒体信息的数据主要采用报刊新闻数据和百度指数来刻画：

⑴本书选取12种权威报刊建立相应的“新闻池”，具体的新闻信息来自CNKI的《中国重要报纸全书数据库》，通过主题搜索的方式查找新闻信息，导出将近6 000多条与房地产相关的新闻报道。通过人工审核的方式对新闻报道的性质(媒体情绪)进行辨别，划分为积极正面的情绪和消极负面的情绪。

⑵利用选取与房地产市场相关的关键词作为搜索对象，本书选取20个关键词，利用Python工具进行数据的爬取以获得相应的搜索量，进一步搜索具有不同情绪的关键词以获得不同的情绪变量。

在预期形成机制及所产生的资产价格波动方面，本书得到的主要研究结论是：

⑴消费者的房价预期存在较强的黏性，媒体信息虽然是重要的信息传递渠道，但受到先验信息的影响程度也很大，保持在0.4~0.5左右。

(2) 报刊新闻的情绪而不是报道量对预期偏差形成影响，可见报刊新闻的报道并不是完全准确的，从而可能误导消费者形成有偏误的预期。

(3) 报刊新闻信息的量越大，即信息越透明，消费者预期异质性程度越低。

(4) 消费者对正面的媒体情绪更加敏感，正面的情绪通常会进一步增大预期偏差，但会缩小消费者之间的异质性，说明面对新信息时，消费者有选择性地获取信息。

(5) 从信息需求层面解读是重要的补充而不是替代，与报刊新闻信息相比较，通过百度指数搜索所传递的信息更加客观准确。

(6) 短期内房地产市场的价格波动对消费者房价预期存在正向推动作用，但房价预期更显著地影响房地产市场的交易量而不是价格。

(7) 货币供应量及利率对房价的波动有一定的解释力，但对消费者房价预期的影响并不显著，不能有效地引导消费者的预期。

(8) 媒体情绪会受到消费者预期的影响，说明媒体情绪的表达通常也会有迎合消费者预期的心理，而不是完全以经济事实为基础进行客观的报道。

在货币政策有效性研究方面，本书利用2009年9月至2018年6月的宏观经济及地区住房贷款数据，实证检验了不同货币政策规则冲击对我国住房贷款利率的时变及动态影响，并在以往研究基础上进行有效拓展。基本结论如下：

(1) 不同于以往研究多关注短期企业贷款利率，本书聚焦家庭部门的中长期住房贷款利率，研究发现货币供应量对我国区域性住房贷款利率存在显著影响，但是短期利率向长期利率的传导并不顺畅，我国住房贷款利率存在显著的刚性。

(2) 基准利率对地域性住房贷款利率存在较强的锚定作用，市场利率对住房贷款利率的传导早期并不显著，但随着利率市场化的不断完善有所缓解，若不控制基准利率，则市场利率的传导相对有效，无论是否控制基准利率，以货币供应量为代表的数量型货币政策工具对住房贷款利率的冲击皆有效。

(3) 充分考虑银行家作为货币政策参与主体，其主观政策感知在货币政策传导中的作用，发现银行家货币政策感知与贷款利率之间存在显著正向关联，但银行家政策感知与实际货币政策实施之间关联性不强，特别是市场利率难以有效引导银行家政策感知，这可能是短期市场利率向中长期利率传导不畅的重要原因之一，而货币供应量对银行家政策感知具有较好的引导作用，可能的原因在于多年实施数量型政策工具所造成的路径依赖，使得银行家对货币供应量的调节更加敏感。

在公众预期与家庭消费与借贷决策行为研究方面，本书的基本结论如下：

(1) 预期与消费决策的关联存在部分的负向相关性，但这种影响较为微弱。

(2) 不同预期对公众决策的影响存在显著差异，宏观经济预期能够在一定程度上影响当期决策，但是房价预期的跨期决策行为更加明显。

(3) 信贷约束似乎不能完全解释预期信念与家庭决策之间存在关联性的缺失。

参考文献

◎ 卞志村，张义，2012. 央行信息报道、实际干预与通胀预期管理 [J]. 经济研究（12）：15-28.

◎ 蔡栋梁，邱黎源，孟晓雨，等，2018. 流动性约束、社会资本与家庭创业选择：基于 CHFS 数据的实证研究 [J]. 管理世界，34（9）：79-94.

◎ 陈强，2014. 高级计量经济学及 stata 应用 [M]. 北京：高等教育出版社 .

◎ 陈彦斌，郭豫媚，陈伟泽，2015.2008 年金融危机后中国货币数量论失效研究 [J]. 经济研究，50（4）：21-35.

◎ 陈彦斌，唐诗磊，2009. 信心、动物精神与中国宏观经济波动 [J]. 金融研究(9)：89-109.

◎ 邓宏乾，贾傅麟，2012. 地价、信贷与房价的关联性研究 [J]. 武汉大学学报（哲学社会科学版）（5）：99-104.

◎ 丁祖昱，2013. 中国城市化进程中住房市场发展研究 [D]. 上海：华东师范大学 .

◎ 董倩，孙娜娜，李伟，2014. 基于网络搜索数据的房地产价格预测 [J]. 统计研究（10）：81-88.

◎ 杜敏杰，刘霞辉，2007. 人民币升值预期与房地产价格变动 [J]. 世界经济（1）：81-88.

◎ 杜雪君，2009. 房地产税对房价的影响机理与实证分析 [D]. 杭州：浙江大学 .

◎ 高波，王辉龙，李伟军，2014. 预期、投机与中国城市房价泡沫 [J]. 金融研究（2）：44-58.

◎ 高波，王文莉，李祥，2013. 预期、收入差距与中国城市房价租金“剪刀差”之谜 [J]. 经济研究（6）：100-112.

◎ 郭豫媚，陈伟泽，陈彦斌，2016. 中国货币政策有效性下降与预期管理研究 [J]. 经济研究，51（1）：28-41，83.

◎ 郭豫媚，戴赜，彭俞超，2018. 中国货币政策利率传导效率研究：2008—2017[J]. 金融研究（12）：37-54.

◎ 何东，王红林，2011. 利率双轨制与中国货币政策实施 [J]. 金融研究（12）：1-18.

◎ 何正霞，许士春，2008. 房产泡沫的形成与破灭：基于收入与价格预期的跨期替代模型分析 [J]. 统计与决策（10）：39-42.

◎ 洪涛，西宝，高波，2007. 房地产价格区域间联动与泡沫的空间扩散：基于 2000—2005 年中国 35 个大中城市面板数据的实证检验 [J]. 统计研究（8）：64-67.

◎ 纪洋，徐建炜，张斌，2015. 利率市场化的影响、风险与时机：基于利率双轨制模型的讨论 [J]. 经济研究，50（1）：38-51.

◎ 蒋海曦，严可，2011. 后危机时代心理预期对中国房地产价格的影响：以成都市为例 [J]. 经济学家（12）：48-56.

◎ 蒋瑛琨，刘艳武，赵振全，2005. 货币渠道与信贷渠道传导机制有效性的实证分析：兼论货币政策中介目标的选择 [J]. 金融研究（5）：70-79.

◎ 况伟大，2010. 预期、投机与中国城市房价波动 [J]. 经济研究（9）：67-78.

◎ 李成刚，李峰，赵光辉，2020. 货币政策规则对国际资本流动与人民币汇率的时变影响：基于 TVP-SV-VAR 模型的实证检验 [J]. 中国管理科学（7）：1-12.

◎ 李培军，2011. 我国城镇化与商品住宅价格关系研究 [J]. 东北财经大学学报（4）：15-19.

◎ 李仲飞，郑军，黄宇元，2015. 有限理性、异质预期与房价内生演化机制 [J]. 经济学（季刊）（2）：453-482.

◎ 刘晓君，姜伟，胡劲松，2015. 基于 TVP-VAR 模型的信心、货币政策与中

国经济波动研究 [J]. 中国管理科学，27（8）：37-46.

◎ 陆磊，李世宏，2004. 微观决策与经济体制：房地产泡沫下的居民－金融部门破产 [J]. 金融研究（9）：34-50.

◎ 罗知，张川川，2015. 信贷扩张、房地产投资与制造业部门的资源配置效率 [J]. 金融研究（7）：60-75.

◎ 马骏，施康，王红林，等，2016. 利率传导机制的动态研究 [J]. 金融研究（1）：31-49.

◎ 马文涛，2011. 货币政策的数量型工具与价格型工具的调控绩效比较：来自动态随机一般均衡模型的证据 [J]. 数量经济技术经济研究，28（10）：92-110，133.

◎ 欧阳志刚，薛龙，2017. 新常态下多种货币政策工具对特征企业的定向调节效应 [J]. 管理世界（2）：53-66.

◎ 潘敏，刘知琪，2018. 居民家庭"加杠杆"能促进消费吗？：来自中国家庭微观调查的经验证据 [J]. 金融研究（4）：71-87.

◎ 彭聪，聂元飞，2009. 房价影响因素的实证研究：基于 GDP、CPI、利率和居民可支配收入视角 [J]. 建筑经济（12）：54-56.

◎ 钱雪松，杜立，马文涛，2015. 中国货币政策利率传导有效性研究：中介效应和体制内外差异 [J]. 管理世界（11）：11-28，187.

◎ 任荣荣，郑思齐，龙奋杰，2008. 预期对房价的作用机制：对 35 个大中城市的实证研究 [J]. 经济问题探索（1）：145-148.

◎ 孙国峰，段志明，2017. 中期政策利率传导机制研究：基于商业银行两部门决策模型的分析 [J]. 经济学（季刊），16（1）：349-370.

◎ 孙国峰，栾稀，2019. 利率双轨制与银行贷款利率定价：基于垄断竞争的贷款市场的分析 [J]. 财贸经济，40（11）：81-97.

◎ 孙伟增，郑思齐，2016. 居民对房价的预期如何影响房价变动 [J]. 统计研究，33（5）：51-59.

◎ 汪新，谢昌浩，2010. 我国房价的宏观经济影响因素分析：基于 PLS 方法的实证研究 [J]. 华东经济管理（3）：53-57.

◎ 王博，梁洪，张晓玫，2019. 利率市场化、货币政策冲击与线上线下民间借贷 [J]. 中国工业经济（6）：60-78.

◎ 王频，侯成琪，2017. 预期冲击、房价波动与经济波动 [J]. 经济研究，52（4）：48-63.

◎ 王雅炯，2012. 中国通货膨胀预期的结构和持久性 [J]. 统计研究，29（5）：24-35.

◎ 吴吉林，张二华，2015. 我国货币政策操作中的数量规则无效吗？ [J]. 经济学（季刊），14（3）：827-852.

◎ 吴卫星，邵旭方，陶利斌，2016. 家庭财富不平等会自我放大吗？：基于家庭财务杠杆的分析 [J]. 管理世界（9）：44-54.

◎ 伍戈，连飞，2016. 中国货币政策转型研究：基于数量与价格混合规则的探索 [J]. 世界经济，39（3）：3-25.

◎ 肖争艳，陈彦斌，2004. 中国通货膨胀预期研究：调查数据方法 [J]. 金融研究（11）：1-18.

◎ 肖争艳，姚一旻，唐诗磊，2011. 我国通货膨胀预期的微观基础研究 [J]. 统计研究（3）：8-14.

◎ 徐忠，2018. 经济高质量发展阶段的中国货币调控方式转型 [J]. 金融研究（4）：1-19.

◎ 杨利雄，李庆男，2019. 我国的通货膨胀与名义利率黏性：长期与短期费雪效应 [J]. 中国管理科学，27（2）：1-8.

◎ 杨汝岱，陈斌开，朱诗娥，2011. 基于社会网络视角的农户民间借贷需求行为研究 [J]. 经济研究，46（11）：116-129.

◎ 游家兴，吴静，2012. 沉默的螺旋：媒体情绪与资产误定价 [J]. 经济研究（7）：141-152.

◎ 余华义，2010. 经济基本面还是房地产政策在影响中国的房价 [J]. 财贸经济（3）：116-122.

◎ 袁思思，宋吟秋，吕萍，等，2020. 基于利率走廊机制的中国利率传导有效性研究：理论推导及实证检验 [J]. 管理评论，32（4）：48-63.

◎ 张蓓，2009. 我国居民通货膨胀预期的性质及对通货膨胀的影响 [J]. 金融研究（9）：40-54.

◎ 张成思，芦哲，2014. 媒体舆论、公众预期与通货膨胀 [J]. 金融研究（1）：29-43.

◎ 张成思，孙宇辰，2018. 中国货币政策的信心传导机制 [J]. 财贸经济，39（10）：59-74.

◎ 张健华，常黎，2011. 哪些因素影响了通货膨胀预期：基于中国居民的经验研究 [J]. 金融研究（12）：19-34.

◎ 张龙，殷红，王擎，2020. 数量型还是价格型：来自货币政策"非线性"有效性的经验证据 [J]. 中国工业经济（7）：61-79.

◎ 张勇，李政军，龚六堂，2014. 利率双轨制、金融改革与最优货币政策 [J]. 经济研究，49（10）：19-32.

◎ 钟春平，田敏，2015. 预期、有偏性预期及其形成机制：宏观经济学的进展与争议 [J]. 经济研究（5）：162-177.

◎ 庄子罐，崔小勇，赵晓军，2016. 不确定性、宏观经济波动与中国货币政策规则选择：基于贝叶斯 DSGE 模型的数量分析 [J]. 管理世界（11）：20-31，187.

◎ 盛夏，王擎，王慧，2021. 房价升高促使中国家庭更多地"加杠杆"吗：基于购房动机异质性视角的研究 [J]. 财贸经济，42（1）：62-76.

◎ 尹志超，李青蔚，张诚，2021. 收入不平等对家庭杠杆率的影响 [J]. 财贸经济，42（1）：77-91.

◎ 宗庆庆，刘冲，周亚虹，2015. 社会养老保险与我国居民家庭风险金融资产投资：来自中国家庭金融调查（CHFS）的证据 [J]. 金融研究（10）：99-114.

◎ 吴雨，李晓，李洁，周利，2021. 数字金融发展与家庭金融资产组合有效性 [J]. 管理世界，37（7）：92-104，7.

◎ 徐淑一，2021. 房价预期与中国家庭风险金融资产配置研究 [J]. 中山大学学报（社会科学版），61（3）：168-178.

◎ 甘犁，赵乃宝，孙永智，2018. 收入不平等、流动性约束与中国家庭储蓄率 [J]. 经济研究，53（12）：34-50.

◎ 杭斌，闫新华，2013. 经济快速增长时期的居民消费行为：基于习惯形成的实证分析 [J]. 经济学（季刊）（4）：1191-1208.

◎ 胡永刚，郭长林，2013. 财政政策规则、预期与居民消费：基于经济波动的视角 [J]. 经济研究，48（3）：96-107.

◎ 沈坤荣，谢勇，2012. 不确定性与中国城镇居民储蓄率的实证研究 [J]. 金融研究（3）：1-13.

◎ 石明明，江舟，周小焱，2019. 消费升级还是消费降级 [J]. 中国工业经济（7）：42-60.

◎ 杨汝岱，陈斌开，2009. 高等教育改革、预防性储蓄与居民消费行为 [J]. 经济研究，44（8）：113-124.

◎ 臧旭恒，张欣，2018. 中国家庭资产配置与异质性消费者行为分析 [J]. 经济研究，53（3）：21-34.

◎ 刘海明，曹廷求，2015. 宏观经济不确定性、政府干预与信贷资源配置 [J]. 经济管理（6）：1-11.

◎ 张成思，刘贯春，2018. 中国实业部门投融资决策机制研究：基于经济政策不确定性和融资约束异质性视角 [J]. 经济研究，53（12）：51-67.

◎ 李涛，陈斌开，2014. 家庭固定资产、财富效应与居民消费：来自中国城镇家庭的经验证据 [J]. 经济研究（3）：62-75.

◎ 罗楚亮，2004. 经济转轨、不确定性与城镇居民消费行为 [J]. 经济研究（4）：

100-106.

◎ 毛中根，桂河清，洪涛，2017. 住房价格波动对城镇居民消费的影响分析 [J]. 管理科学学报，20（4）：17-31.

◎ 李凤羽，杨墨竹，2015. 经济政策不确定性会抑制企业投资吗？：基于中国经济政策不确定指数的实证研究 [J]. 金融研究（4）：115-129.

◎ 张一林，蒲明，2018. 债务展期与结构性去杠杆 [J]. 经济研究，53（7）：32-46.

◎ 王朝阳，张雪兰，包慧娜，2018. 经济政策不确定性与企业资本结构动态调整及稳杠杆 [J]. 中国工业经济（12）：134-151.

◎ 顾研，周强龙，2018. 政策不确定性、财务柔性价值与资本结构动态调整 [J]. 世界经济，41（6）：102-126.

◎ 李新荣，李涛，刘胜利，2014. 政府信任与居民通货膨胀预期 [J]. 经济研究，49（6）：58-72.

◎ 郦金梁，何诚颖，陈伟，陈锐，2018. 特质风险与公司投资行为选择：基于变量间非线性关系的视角 [J]. 管理世界，34（3）：68-77.

◎ 黄俊，郭照蕊，2014. 新闻媒体报道与资本市场定价效率：基于股价同步性的分析 [J]. 管理世界（5）：121-130.

◎ AABERGE R, LIU K, ZHU Y, 2017. Political uncertainty and household savings [J].Journal of comparative economics, 45(1): 154-170.

◎ ADRIAN T, ETULA E, MUIR T, 2014. Financial intermediaries and the cross-section of asset returns[J]. The journal of finance, 69(6): 2557-2596.

◎ ADRIAN T, SHIN H S, 2010. Liquidity and leverage[J]. Social science electronic publishing, 19(3):418-437.

◎ AGARWAL S, AMROMIN G, BEN-DAVID I, et al., 2017. Policy intervention in debt renegotiation: Evidence from the home affordable modification program [J].Journal of Political Economy, 125(3): 654-712.

◎ ARELLANO C, BAI Y, KEHOE P, 2012.Financial Markets and Fluctuations in Uncertainty, Working paper, Federal Reserve Bank of Minneapolis and NBER.

◎ BACHMANN R, ELSTNER S, SIMS E R, 2013. Uncertainty and economic activity: Evidence from business survey data[J]. American economic journal: macroeconomics, 5(2): 217-49.

◎ BERGER H, EHRMANN M, FRATZSCHER M, 2011. Monetary policy in the media[J]. Journal of money, credit and banking, 43(4): 689-709.

◎ BERNANKE B, 2010. Central bank independence, transparency, and accountability: a speech at the the Institute for Monetary and Economic Studies International Conference, Bank of Japan, Tokyo, Japan, May Board of Governors of the Federal Reserve System.25, 2010[R]. [S.l.]: [s.n.].

◎ BLACK L K, ROSEN R J, 2016. Monetary policy, loan maturity and credit availability[J]. International journal of central banking, 12(1): 199-230.

◎ BLAIR J, LACY M G, 2000. Statistics of ordinal variation[J]. Sociological methods & research, 28(3): 251-280.

◎ BLANCHFLOWER D G, MACCOILLE C, 2009. The formation of inflation expectations: an empirical analysis for the UK[R]. [S.l.]: National Bureau of Economic Research.

◎ BLINDER A S, KRUEGER A B, 2004. What does the public know about economic policy, and how does it know it?[R]. [S.l.]: National Bureau of Economic Research.

◎ BLOOM N , 2009. The Impact of Uncertainty Shocks[J]. Econometrica, 77(3): 623-685.

◎ BLOOM N, FLOETOTTO M, JAIMOVICH N, et al., 2018. Really uncertain business cycles[J]. Econometrica, 86(3): 1031-1065.

◎ BOLT W M, DEMERTZIS, DIKS C G H, et al., 2013. Bubbles and crashes in house prices under heterogeneous expectations[D]. Amsterdam: Universiteit Van

Amsterdam.

◎ BORDALO P, COFFMAN K, GENNAIOLI N, et al., 2016. Stereotypes[J]. The quarterly journal of economics, 131(4): 1753-1794.

◎ BORDALO P, GENNAIOLI N, SHLEIFER A, 2018. Diagnostic expectations and credit cycles[J]. The journal of finance, 73(1): 199-227.

◎ BRANCH W A, 2004. The theory of rationally heterogeneous expectations: evidence from survey data on inflation expectations[J]. The economic journal, 114(497): 592-621.

◎ BROCK W A, HOMMES C H, 1997. A rational route to randomness[J]. Econometrica: journal of the econometric society: 1059-1095.

◎ BROCK W A, HOMMES C H, 1998. Heterogeneous beliefs and routes to chaos in a simple asset pricing model[J]. Journal of economic dynamics and control, 22(8): 1235-1274.

◎ BURNSIDE C, EICHENBAUM M, REBELO S, 2016. Understanding booms and busts in housing markets[J]. Journal of political economy, 124(4): 1088-1147.

◎ CALVO G A, 1983. Staggered prices in a utility-maximizing framework[J]. Journal of monetary economics, 12(3): 383-398.

◎ CALVO G A, VÉGH C A, 1999. Inflation stabilization and BOP crises in developing countries[J]. Handbook of macroeconomics, 1: 1531-1614.

◎ CARDAK B A, WILKINS R，2009. The determinants of household risky asset holdings: Australian evidence on background risk and other factors[J]. Journal of banking & finance, 33(5): 850-860.

◎ CARROLL C D, 2001. A theory of the consumption function, with and without liquidity constraints[J]. Journal of economic perspectives, 15(3): 23-45.

◎ CARROLL C D, 2003. Macroeconomic expectations of households and professional forecasters[J]. The quarterly journal of economics, 118(1): 269-298.

◎ CARROLL C D, 2011. The epidemiology of macroeconomic expectations[R]. [S.l.]: National Bureau of Economic Research.

◎ CARROLL C D, CRAWLEY E, SLACALEK J, et al., 2020. Sticky Expectations and Consumption Dynamics[J]. American economic journal: macroeconomics, 12(3): 40-76.

◎ CARVALHO C, NECHIO F, 2014. Do people understand monetary policy?[J]. Journal of monetary economics, 66: 108-123.

◎ CASE K E, SHILLER R J, 2003. Is there a bubble in the housing market? [J]. Brookings papers on economic activity, 2: 299-342.

◎ CASE K E, SHILLER R J, THOMPSON A, 2012. What have they been thinking? Home buyer behavior in hot and cold markets[R]. [S.l.]: National Bureau of Economic Research: 9.

◎ CAVALLO A, 2017. Are online and offline prices similar? Evidence from large multi-channel retailers[J]. American economic review, 107(1): 283-303.

◎ CHRISTELIS D, GEORGARAKOS D, JAPPELLI T, 2020. Consumption Uncertainty and Precautionary Saving[J]. Review of economics and statistics, 102(1): 148-161.

◎ CHRISTIANO L J, TRABANDT M, WALENTIN K, 2010. DSGE models for monetary policy analysis[M]//Handbook of monetary economics. [S.l.]: Elsevier: 285-367.

◎ COCHRANE J H, 2009. Asset pricing(revised edition)[M]. Princeton: Princeton University Press.

◎ COIBION O, GORODNICHENKO Y, 2015. Information rigidity and the expectations formation process: a simple framework and new facts[M]. The american economic review, 105(8): 2644-2678.

◎ COIBION O, GORODNICHENKO Y, KUMAR S, 2018. How do firms form their expectations?new survey evidence[J]. American economic review, 108(9): 2671-2713.

◎ D' ACUNTO F, HOANG D, PALOVIITA M, et al., 2019. IQ, expectations, and choice[R]. [S.l.]: National Bureau of Economic Research.

◎ DA Z, ENGELBERG J, GAO P, 2011. In search of attention[J]. The journal of finance, 66(5): 1461-1499.

◎ DÁVILA E, KORINEK A, 2017. Pecuniary externalities in economies with financial frictions[J]. The review of economic studies, 85(1): 352-395.

◎ DEFUSCO A, JOHNSON S, MONDRAGON J. 2017.Regulating Household Leverage[R].Working paper.

◎ DIECI R, WESTERHOFF F, 2013. Modeling house price dynamics with heterogeneous speculators global analysis of dynamic models in economics and finance[M]. Springer: Heidelberg: 35-61.

◎ DOMS M E, MORIN N J, 2004. Consumer sentiment, the economy, and the news media[J]. SSRN electronic journal, 1(96): 945-975.

◎ DUCA J V, MUELLBAUER J, MURPHY A, 2011. House prices and credit constraints: making sense of the US experience[J]. The economic journal, 121 (552): 533-551.

◎ DYNAN K. E, 2000. Habit formation in consumer preferences: Evidence from panel data[J]. American economic review, 90(3): 391-406.

◎ EGGERTSSON, GAUTI B, KRUGMAN P, 2012. Debt, deleveraging, and the liquidity trap: A Fisher-Minsky-Koo approach[J]. The quarterly journal of economics, 127 (3), 1469–1513.

◎ EVANS G W, HONKAPOHJA S, 2003. Expectations and the stability problem for optimal monetary policies[J]. The review of economic studies, 70(4): 807-824.

◎ EVANS G W, HONKAPOHJA S, MARIMON R, 2001. Convergence in monetary inflation models with heterogeneous learning rules[J]. Macroeconomic dynamics, 5(1): 1.

◎ FANG L, PERESS J, 2009. Media coverage and the cross-section of stock returns [J]. The journal of finance, 64(5): 2023-2052.

◎ FARHI E, WERNING I, 2016. A theory of macroprudential policies in the presence of nominal rigidities[J]. Econometrica, 84(5): 1645-1704

◎ FAVILUKIS J , LUDVIGSON S C, VAN N S, 2017. The macroeconomic effects of housing wealth, housing finance, and limited risk sharing in general equilibrium [J]. Journal of political economy, 125(1): 1-5.

◎ FEISTRITZER C E, GRIFFIN S, LINNAJARVI A, 2011. Profile of teachers in the US[M]. Washington, DC: National Center for Education Information.

◎ FERNALD J G, SPIEGEL M M, SWANSON E T, 2014. Monetary policy effectiveness in China: evidence from a FAVAR model[J]. Journal of international money and finance, 49: 83-103.

◎ FORSELLS M, KENNY G, 2002. The rationality of consumers' inflation expectations: survey-based evidence for the Euro area[R]. Working papers.

◎ FRANKEL J A, FROOT K, 1999. Chartists, fundamentalists, and trading in the foreign exchange market[M]. [S.l.]: Social Science Electronic Publishing.

◎ GALI J, MONACELLI T, 2008. Optimal monetary and fiscal policy in a currency union[J]. Journal of international economics, 76(1): 116-132.

◎ GANONG P, NOEL P, 2017. The effect of debt on default and consumption: Evidence from housing policy in the great recession[R]. Unpublished Working Paper.

◎ GEANAKOPLOS, J, 2010. The Leverage Cycle[J]. Cowles Foundation Discussion Papers, 24(1):1-66.

◎ GENNAIOLI N, MA Y, SHLEIFER A, 2016. Expectations and investment[J]. NBER macroeconomics annual, 30(1): 379-431.

◎ GENNAIOLI N, SHLEIFER A, 2018. A crisis of beliefs: investor psychology and financial fragility[M]. Princeton: Princeton University Press.

◎ GERTLER M, KARADI P, 2015. Monetary policy surprises, credit costs, and economic activity[J]. American economic journal: macroeconomics, 7(1): 44-76.

◎ GIBBS J P, POSTON D L, 1974. The division of labor: conceptualization of related measures[J]. Social forces, 53: 468.

◎ GILCHRIST S, SIM J W, ZAKRAJŠEK E, 2014. Uncertainty, financial frictions, and investment dynamics[R]. National Bureau of Economic Research.

◎ GILLITZER C, PRASAD N, ROBINSON T, 2017. Do political attitudes affect consumers' inflation expectations[M]. [S.l.]: Social Science Electronic Publishing.

◎ GLAESER E L, GOTTLIEB J D, GYOURKO J, 2012. Can cheap credit explain the housing boom? Housing and the financial crisis[M]. Chicago: University of Chicago Press: 301-359.

◎ GOODMAN A C, THIBODEAU T G, 2008. Where are the speculative bubbles in US housing markets?[J]. Journal of housing economics, 17(2): 117-137.

◎ GORTON G , METRICK A, 2012. Securitized banking and the run on repo[J]. Journal of financial economics, 104(3):425-451.

◎ GREENWOOD R , SHLEIFER A, 2014. Expectations of returns and expected returns[J].Nber working papers, 27(3):714-746.

◎ GREENWOOD R, SHLEIFER A, 2014. Expectations of returns and expected returns[J]. The review of financial studies, 27(3): 714-746.

◎ GULEN H, ION M, 2015. Policy uncertainty and corporate investment[J]. The Review of financial studies, 29(3): 523-564.

◎ HALL R E, 1978. Stochastic implications of the life cycle-permanent income hypothesis: theory and evidence[J]. Journal of political economy, 86(6): 971-987.

◎ TOMÁŠ H, MAREK R, ANNA S, 2017. Habit formation in consumption: a meta-analysis[J]. European economic review, 95(6): 142-167.

◎ HE Z, KRISHNAMURTHY A, 2013. Intermediary Asset Pricing[J]. American economic review, 103(2):732-770.

◎ HEIDHUES P, KŐSZEGI B, 2018. Behavioral industrial organization[J]. Handbook of behavioral economics: applications and foundations, 1: 517-612.

◎ HIMMELBERG C, MAYER C, SINAI T, 2005. Assessing high house prices: bubbles, fundamentals and misperceptions[J]. The journal of economic perspectives, 19(4): 67-92.

◎ HOMMES C H, 2006. Heterogeneous agent models in economics and finance [J]. Handbook of computational economics, 2: 1109-1186.

◎ HUYNH T D, SMITH D R, 2017. Stock price reaction to news: the joint effect of tone and attention on momentum[J]. Journal of behavioral finance, 18(3): 304-328.

◎ HWANG M, QUIGLEY J M, 2006. Economic fundamentals in local housing markets: evidence from U.S. metropolitan regions[J]. Journal of regional science, 46(3): 425-453.

◎ IACOVIELLO M, NERI S, 2010. Housing market spillovers: evidence from an estimated DSGE model[J]. American economic journal: macroeconomics, 2(2): 125-164.

◎ ILUT C L, SCHNEIDER M, 2014. Ambiguous business cycles[J]. The American economic review, 104(8): 2368-2399.

◎ JURGILAS M, LANSING K J, 2012. Housing bubbles and homeownership returns[J]. FRBSF economic letter, 19.

◎ JUSTINIANO A, PRIMICERI G E, TAMBALOTTI A, 2015. Household leveraging and deleveraging[J]. Review of economic dynamics, 18(1): 3-20.

◎ KAHNEMAN D, TVERSKY A, 1973. On the psychology of prediction[J]. Psychological review, 80: 237-251.

◎ KASAI H, HAYAMA T, ISHIKAWA M, et al., 2010. Learning rules and persistence of dendritic spines[J]. European journal of neuroscience, 32(2): 241-249.

◎ KIRMAN A, 2010. Complex economics: individual and collective rationality [M]. [S.l.]: Routledge.

◎ KORINEK A, SIMSEK A, 2016. Liquidity trap and excessive leverage[J]. American Economic Review, 106(3): 699-738.

◎ KOUDIJS P, VOTH H J, 2016. Leverage and beliefs: personal experience and risk-taking in margin lending[J]. American economic review, 106(11): 3367-3400.

◎ KRISHNAMURTHY A, NAGEL S, ORLOV D, 2014. Sizing Up Repo[J].Journal of finance, 69 (6): 2381–417.

◎ KYDLAND F E, PRESCOTT E C, 1982. Time to build and aggregate fluctuations [J]. Econometrica: journal of the econometric society, 50(6): 1345-1370.

◎ LAHIRI K, SHENG X, 2008. Evolution of forecast disagreement in a bayesian learning model[J]. Journal of econometrics, 144(2): 325-340.

◎ LAI R N, VAN ORDER R A, 2010. Momentum and house price growth in the United States: anatomy of a bubble[J]. Real estate economics, 38(4): 753-773.

◎ LAMBERTINI L, MENDICINO C, PUNZI M T, 2013. Expectation-driven cycles in the housing market: evidence from survey data[J]. Journal of financial stability, 9(4): 518-529.

◎ LAMLA M J, LEIN S M, 2014. The role of media for consumers' inflation expectation formation[J]. Journal of economic behavior & organization, 106: 62-77.

◎ LAMLA M J, MAAG T, 2012. The role of media for inflation forecast disagreement of households and professional forecasters[J]. Journal of money, credit and banking,

44(7): 1325-1350.

◎ LELAND T W, ROWLINSON J S, SATHER G A , 1968. Statistical thermodynamics of mixtures of molecules of different sizes[J]. Transactions of the Faraday Society, 64: 1447-1460.

◎ LENGNICK M, WOHLTMANN H W, 2013. Agent-based financial markets and New Keynesian macroeconomics: a synthesis[J]. Journal of economic interaction and coordination, 8(1): 1-32.

◎ LIU L, ZHANG W, 2010. A new Keynesian model for analysing monetary policy in Mainland China[J]. Journal of Asian economics, 21(6): 540-551.

◎ LORENZONI G, 2009. A theory of demand shocks[J]. The American economic review, 99(5): 2050-2084.

◎ LUSARDI A, MITCHELL O S, 2017. How ordinary consumers make complex economic decisions: financial literacy and retirement readiness[J]. Quarterly Journal of Finance, 7(3): 1-31.

◎ LUSARDI A, TUFANO P, 2015. Debt literacy, financial experiences, and overindebtedness[J]. Journal of pension economics & finance, 14(4): 332-368.

◎ MACKOWIAK B, WIEDERHOLT M, 2009. Optimal sticky prices under rational inattention[J]. American economic review, 99(3): 769-803.

◎ MANKIW N G, REIS R, 2002. Sticky information versus sticky prices: a proposal to replace the new Keynesian Phillips curve[J]. The quarterly journal of economics, 117(4): 1295-1328.

◎ MANKIW N G, REIS R, 2006. Pervasive stickiness (expanded version) [R]. [S.l.]: National Bureau of Economic Research.

◎ MANKIW N G, REIS R, 2010. Imperfect information and aggregate supply[R]. [S.l.]: National Bureau of Economic Research.

◎ MANKIW N G, REIS R, WOLFERS J, 2003. Disagreement about inflation expectations[J]. NBER macroeconomics annual, 18: 209-248.

◎ MANSKI C F, 2004. Measuring expectations[J]. Econometrica, 72(5): 1329-1376.

◎ MANSKI C F, 2018. Survey measurement of probabilistic macroeconomic expectations: progress and promise[J]. NBER macroeconomics annual, 32(1): 411-471.

◎ MIAN A, SUFI A, 2014. What explains the 2007–2009 drop in employment?[J]. Econometrica, 82(6): 2197-2223.

◎ MIAN A, SUFI A, VERNER E, 2017. Household debt and business cycles worldwide[J]. The Quarterly Journal of Economics, 132(4): 1755-1817.

◎ MIN H, QUIGLEY J M, 2006. Economic fundamentals in local housing markets: evidence from US metropolitan regions[J]. Journal of regional science, 46(3): 425-453.

◎ MISHKIN F S, 2007. Housing and the monetary transmission mechanism[R]. [S.l.]: National Bureau of Economic Research.

◎ MOKINSKI F, SHENG X, YANG J, 2015. Measuring disagreement in qualitative expectations[J]. Journal of forecasting, 34(5): 405-426.

◎ MORRIS S, SHIN H S, 2018. Central bank forward guidance and the signal value of market prices[C]. [S.l.]: AEA papers and proceedings, 108: 572-577.

◎ MUTH J F, 1961. Rational expectations and the theory of price movements[J]. Econometrica: journal of the econometric society: 315-335.

◎ NOFSINGER J R, WANG W, 2011. Determinants of start-up firm external financing worldwide[J]. Journal of banking & finance, 35(9): 2282-2294.

◎ PATTON A J, TIMMERMANN A, 2010. Why do forecasters disagree? Lessons from the term structure of cross-sectional dispersion[J]. Journal of monetary economics, 57(7): 803-820.

◎ PFAJFAR D, SANTORO E, 2010. Heterogeneity, learning and information stickiness in inflation expectations[J]. Journal of economic behavior & organization, 75(3): 426-444.

◎ PFAJFAR D, SANTORO E, 2013. News on inflation and the epidemiology of inflation expectations[J]. Journal of money, credit and banking, 45(6): 1045-1067.

◎ PIAZZESI M, SCHNEIDER M, 2009. Momentum traders in the housing market: survey evidence and a search model[J]. National Bureau of Economic Research, 99(2): 406-411.

◎ POOLE W, 1970. Optimal choice of monetary policy instruments in a simple stochastic macro model[J]. The quarterly journal of economics, 84(2): 197-216.

◎ REINHART C M, ROGOFF K S, 2011. From financial crash to debt crisis[J]. American economic review, 101(5): 1676-1706.

◎ REIS R, 2006. Inattentive Producers[J]. Review of economic studies, 73(3): 793-821.

◎ RICKS M, 2016. The money problem: rethinking financial regulation[M]. Chicago: University of Chicago Press.

◎ ROTH C, WOHLFART J, 2018. Experienced inequality and preferences for redistribution[J]. Journal of public economics, 167: 251-262.

◎ SANTOS T, VERONESI P, 2021. Leverage Working Paper[J]. Journal of financial economics, 145(2): 362-386.

◎ SCHEINKMAN J A, XIONG W, 2003. Overconfidence and speculative bubbles [J]. Journal of political economy, 11(6): 1183-1220.

◎SHILLER R J, 2014. Speculative asset prices[J].American Economic Review. 104(6): 1486-1517.

◎ SHILLER R J, 2005. Irrational exuberance[M]. Princeton: Princeton University Press.

◎ SIMS C A, 2003. Implications of rational inattention[J]. Journal of monetary economics, 50(3): 665-690.

◎ SIMS C A, 2008. Inflation expectations, uncertainty, the phillips curve, and monetary policy[R]. Boston: Fed. 53rd Conference: 9-11.

◎ SIMS C A, 2010. Rational inattention and monetary economics[J]. Handbook of monetary economics, 3: 155-181.

◎ SOO C K, 2015. Quantifying animal spirits: news media and sentiment in the housing market[J]. SSRN electronic journal.

◎ TVERSKY A, KAHNEMAN D, 1973. Availability: a heuristic for judging frequency and probability[J]. Cognitive psychology, 5(2): 207-232.

◎ WIEDERHOLT M, VELLEKOOP N. Inflation expectations and choices of

◎ households: evidence from matched survey and administrative data[C]// 2017 Meeting Papers. Society for Economic Dynamics, 2017.

◎ VERONESI, P, 2019. Heterogeneous households under uncertainty (No. w25448) [R]. National Bureau of Economic Research.

◎ VLASTAKIS N, MARKELLOS R N, 2012. Information demand and stock market volatility[J]. Journal of banking & finance, 36(6): 1808-1821.

◎ WALKER C B, 2014. Housing booms and media coverage[J]. Applied economics, 46(32): 3954-3967.

◎ WONG K Y, 2001. Housing market bubbles and the currency crisis: the case of Thailand[J]. The Japanese economic review, 52(4): 382-404.

◎ WOODFORD M, 2009. Information-constrained state-dependent pricing[J]. Journal of monetary economics, 56: S100-S124.

◎ XIONG W, 2013. Bubbles, crises, and heterogeneous beliefs[R]. [S.l.]: National Bureau of Economic Research.

◎ ZHANG W, 2009. China's monetary policy: quantity versus price rules[J]. Journal of macroeconomics, 31(3): 473-484.

◎ ZHONG C P, TURVEY C, 2011. Can households form consistent/convergent and unbiased expectation of interest rate?[J]. Applied economics letters, 18(16): 1553-1557.

后　记

此书初稿完成于华中科技大学，在后续的工作过程中补充了部分章节，构成了当前的书稿。选题始于2012年与硕导的初次见面，入学之初钟春平老师在国外访学，回国后便给部分同门确定了预期形成机制这一研究主题，此后这一研究主题贯穿了我的硕士和博士研究生的学术研究生涯，现在想来也有些随意了，这便是本书的缘起。

预期作为经济学的研究主题，颇为小众，特别是国内学者在此领域的跟踪较少，以至于在每次答辩或论文讲解过程中观众对该主题多是兴致缺缺。数据的缺失、研究思维的局限性导致我整个学术生涯似乎并不顺畅。但反思下来，发现职业生涯的不顺应该更多归咎于内因，固步自封让我拒绝了太多拓展的可能性。硕导钟老师始终保持了十年如一日的不定时鞭策和指导，且提供了多次去北京学习的机会，为文稿的数据部分奠定了基础。研究中途曾转到徐长生老师门下，难得的是并没有被要求转换研究方向，于是我能得以继续在这条路上跌跌撞撞前行，且经过徐老师的指导，研究方向得到一定拓展，从纯预期形成机制转向了房地产市场预期。仔细想来，十年过去了，多少还是有收获的，发了几篇不好不坏的文章，有了今天的教职，也终于在十年之际写完了这本文稿。在此对我学术生涯的两位领路人表示最真挚的谢意。

这本文稿陪着我从青葱岁月走到了中年时光，也陪着我完成了一次次身份的转变。感谢陪伴我一路前行的家人，也希望多年后吴勉一同学若是看到这本文稿，知道妈妈经历过这样的十年，也用心写过这么多文字。至此，旧的岁月已然翻篇，感谢过往的一切，望新的研究征途顺遂！

田　敏

2021 年 11 月于贤德书院